Charlie W. Shedd

ICH SPÜRTE IHREN FLÜGELSCHLAG

Charlie W. Shedd

ICH SPÜRTE IHREN FLÜGEL- SCHLAG

Verlag C. M. Fliß
Lütt Kollau 17, 22453 Hamburg

Originaltitel: Brush of an Angel's Wing
Umschlag: image design
Übersetzung: I. Rothkirch
Satz: Convertex, Aachen
Druck: Printed in Germany
1. Auflage 1995
© by Charlie W. Shedd,
   published by Servant Publications, Ann Arbor, Michigan
© der deutschsprachigen Ausgabe
   by Verlag C. M. Fliß, Lütt Kollau 17, 22453 Hamburg

ISBN 3-922349-99-4

Wir informieren Sie gern über unser Gesamtprogramm.
Postkarte genügt:
Verlag C. M. Fliß, Postfach 61 04 70, 22424 Hamburg

Inhalt

Credo eines Menschen,
der an Engel glaubt:

Ich glaube an einen liebenden Gott,
dessen Engel stets in meiner Nähe sind.
Deshalb bin ich davon überzeugt
– auch wenn es manchmal nicht so scheint –,
daß sich das Weltall und mein ganzes Leben
nach einem großen Plan entfalten.

EINS

Gefaßt auf glückliche Fügungen

Gott ist immer da,
uns liebevoll auf den Weg zu bringen,
uns ein freundliches Wort ins Ohr zu raunen
und uns wunderbar zu überraschen
durch seine heiligen Engel.

Eine Stute in Not

»*I*ch muß Sie unbedingt sprechen!« Die Stimme am anderen Ende der Leitung klang beunruhigt und aufgewühlt. Deshalb war ich einverstanden, die Anruferin so bald wie möglich zu empfangen. Als sie am Nachmittag zu mir ins Zimmer trat, war ich von ihrer Erscheinung beeindruckt. Eine attraktive und intelligente Frau stand vor mir, eine junge Dozentin an der Universität von Houston, die gerade ihre Doktorarbeit schrieb. Aber was sie in der vergangenen Nacht erlebt hatte, war ihr in die Glieder gefahren. Mich hatte sie angerufen, weil sie meine regelmäßige Kolumne in der Houston Post kannte.

»Heute nacht ist etwas Unbegreifliches passiert«, fing sie an zu erzählen. »So gegen zwei Uhr wachte ich auf und war schlagartig hellwach. Ich schaltete das Licht an und schaute mich um. Da hörte ich ein Geräusch, das sich wie das laute Wiehern eines Pferdes anhörte.«

Zwei eigene Pferde habe sie fünf Meilen von ihrer Wohnung entfernt auf einer Weide stehen, erzählte sie. In Texas sei sie mit Pferden aufgewachsen, so daß sie schon immer ein sehr inniges Verhältnis zu den Tieren gehabt habe.

Als alles wieder still war, hatte sie das Licht ausgeschaltet und sich wieder hingelegt. Doch ein paar Minuten später war das Wiehern wieder zu hören. Sie setzte sich im Bett auf und wartete gespannt. Dann hörte sie es ein drittes Mal – laut und deutlich.

Sie dachte natürlich gleich an ihre eigenen Pferde. Und plötzlich war sie ganz sicher: sie mußte zur Weide fahren!

Bin ich jetzt völlig übergeschnappt? fragte sie sich. Es ist zwei Uhr in der Nacht!

Doch die innere Gewißheit war da: sie mußte sich aufmachen. Sie zog sich an, ließ sich das Auto vom Nachtportier holen und fuhr zum Stall.

»Sagen Sie jetzt noch nichts, erst wenn ich alles erzählt habe«, warf sie schnell ein. »Man mag es gar nicht glauben. Aber als ich ankam, sah ich gleich, daß meine Palomino-Stute in einen Stacheldrahtzaun geraten war und aus Leibeskräften wieherte. So sind manche Pferde. Sie tun instinktiv das Richtige: stillhalten und auf sich aufmerksam machen.«

Die Stute rührte sich auch dann nicht, als sie aus dem Stacheldraht befreit wurde. Dabei sprach die junge Frau beruhigend auf ihr Pferd ein. Schließlich trug sie noch etwas Heilsalbe auf die nicht allzu tiefen Kratzer auf und begab sich nach Hause, um wieder zu Bett zu gehen.

»Was halten Sie davon? Was ist da passiert?« fragte sie mich. »Ich konnte doch unmöglich mein Pferd hören! Schließlich geht auch nachts von der Stadt und der Autobahn viel Lärm aus. Und die Pferde stehen fünf Meilen entfernt. Was halten Sie davon?«

Ich habe sie jedenfalls nicht ausgelacht. Und wir beide unterhielten uns sehr lange hinterher. Ich erzählte ihr von eigenen ungewöhnlichen Erlebnissen. Und dann sagte ich ihr, wie ich die Sache sah. Doch bevor ich Ihnen das verrate, möchte ich Sie fragen: Was könnte dort geschehen sein?

Zu jener Zeit hatten wir es uns in der Familie angewöhnt, abends, wenn wir am Eßtisch saßen, »interessante Dinge« zu erzählen. Jeder berichtete irgend etwas, was er am Tag erlebt hatte – eine außergewöhnliche Begebenheit oder ein komisches Erlebnis. Es konnte aber auch etwas Unerfreuliches sein, was dem Betreffenden noch immer zu schaffen machte. Als ich an jenem Abend an der Reihe war, erzählte ich natürlich von dem Pferd im Stacheldraht. Dann fragte ich in die Runde, was wohl geschehen sein mochte. Zunächst brachte keiner ein Wort hervor, was sehr ungewöhnlich war für meine siebenköpfige Familie. Schließlich war es Peter, der das Schweigen brach. (Er ist inzwischen Professor, aber schon damals als Zwölfjähriger war er ein richtiger kleiner Philosoph.) »Papa«, sagte er, »entweder die Frau erzählt Märchen, oder Gott hat ihr gesagt, sie soll nach ihren Pferden sehen.«

Natürlich sollte ich nun berichten, was ich jener Frau erzählt hatte. Und so wiederholte ich fast Wort für Wort, was ich ihr zur Antwort gegeben hatte:

Ich glaube nicht, daß der Gott, der uns erschuf, fortgegangen ist und uns allein gelassen hat. Er ist vielmehr in seiner Liebe stets bemüht, Kontakt mit uns aufzunehmen, uns voranzugehen und uns zu führen. Manchmal will er uns warnen und uns einen Umweg zeigen. Und zuweilen stellt er sich uns einfach in den Weg, weil er es gut mit uns meint. Ich glaube, daß wir jederzeit von seinen Engeln umgeben sind, die uns leiten und führen wollen. Und warum das alles? Aus einem einfachen Grund: Er tut es, weil er uns liebt.

Warum aber erleben wir sein segensreiches Handeln so selten ganz bewußt? Sind wir etwa viel zu sehr mit anderen Dingen beschäftigt? Kreisen unsere Gedanken vielleicht immer nur darum, wie wir unser Leben aus eigener Kraft meistern?

Gott aber ist immer da, uns liebevoll auf den Weg zu bringen, uns ein freundliches Wort ins Ohr zu raunen und uns wunderbar zu überraschen durch seine heiligen Engel. Stets will er uns segnen, uns gebrauchen und uns mit den Wundern seiner Liebe beschenken.

Wo aber waren die Engel?

*W*o aber waren die Engel in der Geschichte von jener Frau? Sie hatte doch keine gesehen, oder?

Sie hatte tatsächlich keine zu Gesicht bekommen. Aber genau das ist die Art, wie Engel ihre Aufgaben erledigen. Und wenn wir einmal nachlesen, wie das mit den Engeln in der Bibel war, dann wird uns klar: Engel sind niemals darauf aus, in aller Öffentlichkeit zu wirken und von jedermann beobachtet zu werden. Ihnen geht es offensichtlich allein darum, ihre konkrete Aufgabe zu erfüllen. Dazu bleiben sie manchmal völlig im Hintergrund, während man ein andermal ihren sanften Flügelschlag fast körperlich zu spüren meint.

Bei anderer Gelegenheit scheinen sie ihren Segen über weite Entfernungen zu senden – von Stadt zu Stadt, von Land zu Land, von Kontinent zu Kontinent, über Weiden und belebte Hauptstraßen hinweg. Manchmal geschieht es in Windeseile und manchmal so langsam, daß wir meinen, es geschähe nichts.

So sind die Engel. Sie handeln nicht, wie wir es meinen, sondern nach eigenen Gesetzen. Sie handeln für Gott, nach seinem Willen.

Deshalb ist es immer ein erhabenes Erlebnis, wenn wir sagen können, wir hätten den sanften Flügelschlag eines Engels gespürt.

Die Ereignisse, von denen ich nun erzählen will, haben eins mit unserer Geschichte gemein: Niemand hat an Engel gedacht, bis alles vorüber war. Doch dann meldete sich der Verstand mit bohrenden Fragen: Wie war das überhaupt möglich? War es göttliches Eingreifen? Was ist geschehen? Waren es am Ende doch Engel?

Das bemerkenswerteste Erlebnis

»Welches war euer bemerkenswertestes Erlebnis?« Stellen Sie diese Frage, wenn Sie mit Freunden gemütlich beisammen sitzen. Sie werden sehen, es wird ein interessanter Abend.

»Mir ist jemand begegnet, der mein ganzes Leben verändert hat.«

»Der Telefonanruf kam genau im richtigen Augenblick.«

»Der Scheck kam gerade noch rechtzeitig.«

»Das war ein Zusammentreffen von Ereignissen, als wäre alles ohne unser Zutun geplant gewesen. Man glaubt nicht, daß so etwas möglich ist.«

»Eigentlich wollte ich ja dorthin ziehen, aber nun bin ich hier gelandet. Was wäre mir alles entgangen, wenn ich mich doch anders entschieden hätte!«

»Aber es kann auch umgekehrt gehen. Wir sind geblieben und nicht gegangen. Später haben wir Dinge erfahren – da waren wir froh, daß wir uns zum Bleiben entschlossen haben.«

»Ich werde wohl nie vergessen, wie mein Leben durch einen völlig unerwarteten Fingerzeig gerettet wurde. Dabei kann ich gar nicht genau sagen, was mich letztlich gewarnt hat. Ein Geräusch, ein Gefühl, eine bestimmte Situation? Ich werde es wohl niemals erfahren. Aber ich habe mich oft gefragt, ob es vielleicht nicht doch ein Engel war.«

»Es war Semesteranfang, und jeder sprach davon, daß wir es mit der langweiligsten Dozentin der ganzen Universität zu tun bekommen würden. Doch am Ende sind sie und ich die besten Freunde geworden. Und durch sie bin ich auf ein interessantes Forschungsgebiet gestoßen, auf das ich selber nie gekommen wäre.«

»Ich möchte euch von einem kleinen Hund erzählen, der eines Nachts an unserer Haustür kratzte. Auch wenn wir keinen Hund haben wollten, so nahmen wir ihn doch ins Haus. Und darüber sind wir noch heute froh! Der Feuerwehrmann erzählte uns später, daß wir es nur geschafft hätten, uns zu retten, weil das Hündchen solch einen Lärm gemacht hatte.«

»Ruthie, ich kann es immer noch nicht fassen, daß wir uns damals vor dreißig Jahren über den Weg liefen. Ich war drauf und dran, den größten Fehler meines Lebens zu machen. Danke, Ruthie! Danke, Herr!«

Danke für dein freundliches Lächeln, Fremder. Woher wußtest du, daß ich es damals gerade so nötig brauchte?

Bell du nur, du kleiner Hund. Läute doch, Telefon. Bring uns einen unverhofften Brief, lieber Postbote. Dann geschehen immer wieder große Dinge und kleine – so kleine wie die Zeile im Buch, die uns ins Auge springt, der Vers im Choral, der uns berührt, oder das Lied der Nachtigall vor dem Fenster.

Wie sollen wir es nennen? Glück? Fügung? Zufall? Schicksal? Wenn es all das nicht ist – was dann? Für mich ist es der sanfte Flügelschlag eines Engels, den wir hin und wieder spüren.

Achtundsiebzig

*I*ch bin 78, und das ist ein gesegnetes Alter. Die Leute sagen, das sei »alt«, und an manchen Tagen sehe ich das auch so. Aber meistens bin ich richtig froh darüber, 78 zu sein. Man lebt noch! Und es gibt noch so viel zu erleben. Man weiß mehr als je zuvor über sich selbst, über andere Menschen und über den Herrn, mit dem man sein Leben verbracht hat.

Fast sechzig Jahre habe ich die große Freude gehabt, die mir anbefohlenen Menschen als Pastor zu lieben. Nun kann ich meine Liebe noch als Buchautor verschenken.

Weil ich schreibe, werde ich immer wieder eingeladen, auch an entferntesten Orten in Versammlungen zu sprechen. Manchmal erzähle ich etwas über Engel. Anschließend diskutieren wir über das Thema. Und dann höre ich Hunderte von Engelsgeschichten. Es sind unmittelbare Augenzeugenberichte, die mich immer sehr nachdenklich stimmen. Es sind Denkanstöße, die meine Vergangenheit und meine Gegenwart in einem anderen Licht erscheinen lassen.

Wenn Sie 78 sind, passiert etwas Merkwürdiges mit Ihrem Gedächtnis. Sie vergessen viel schneller als früher, was heute anliegt. Da stehen Sie am Fuß der Treppe und überlegen, ob Sie gerade heruntergekommen sind oder oben etwas erledigen wollten. Wenn Ihnen das passiert, dann können Sie hoffentlich über sich selber lachen. Aber neben diesen Erfahrungen machen Sie auch ganz andere. Plötzlich können Sie nur noch ausrufen: »Wie gut ist doch der Herr!« Er reist mit mir in die Vergangenheit, und ich erlebe Dinge neu, die schon fast vergessen schienen. Klar und deutlich, bis ins Detail, stehen sie vor mir und sprechen:»Weißt du noch?«

Als ich das immer häufiger erlebte, faßte ich einen Entschluß: Bevor ich in den Himmel gehe, möchte ich noch einiges, was mich bewegt, mit meiner Familie, mit Freunden und mit meinen Lesern teilen. Warum sollten diejenigen von uns mit vielen Glaubenserfahrungen fortgehen, ohne ihr Wissen weitergegeben zu haben? Deshalb entschloß ich mich, dieses Buch zu schreiben.

Es wird heutzutage in bestimmten Kreisen wieder viel über die neutestamentliche Gemeinde geredet. Doch manchmal frage ich mich, was wohl geschehen würde, wenn alle Gotteskinder heute auch genauso glaubten wie die neutestamentliche Gemeinde. Damals war man noch felsenfest davon überzeugt, man könne dem Herrn ganz persönlich begegnen. Er ging mit ihnen, wenn sie auf Wanderschaft waren. In Notlagen erwartete man, daß er seine Engel sende. Er würde sie von ihren Ketten befreien und ihnen die richtigen Worte in den Mund legen, wenn sie vor ihren Verfolgern standen. Er würde ihnen schon sagen, wann sie aufbrechen, sich zurückziehen, innehalten und warten sollten.

Was machte die Menschen damals so glaubensstark? Sie hatten diesen festen Glauben, weil sie davon überzeugt waren, daß Gott durch den Heiligen Geist jederzeit gegenwärtig war. Warum aber sollten die Christen unseres modernen und naturwissenschaftlichen Zeitalters die Geheimnisse Gottes nicht genauso erfahren wie die Menschen in biblischer Zeit? Hat Jesus nicht solches verkündet? Meinen Sie nicht auch, daß er uns die gleiche Glaubensstärke zutraut?

Je näher der Sonnenuntergang meines Lebens rückt, desto mehr empfinde ich Gewißheit darüber: Christsein im neutestamentlichen Sinne bedeutet nicht nur, von bestimmten Tatsachen überzeugt zu sein, sondern ein Gespür für die tätige Liebe Gottes zu bekommen. Dieses Leben profitiert ganz konkret von der Zuwendung und

Güte Gottes. Es macht die Existenz Gottes real faßbar. Und dabei geraten wir immer mehr ins Staunen, wie er in unser Leben eingreift, wenn wir ihn nur lassen. Ob wir wach sind oder träumen, jeden Tag, überall können wir den sanften Flügelschlag seiner Engel erleben.

Und wenn das geschieht, ahnen wir, was die Bibel mit ihrem Wort meint:

Er wird seinen Engeln über dir befehlen, daß sie dich bewahren.
Lukas 4:10

Engel in meinen Jugendjahren

Es gibt Augenblicke im Leben, die man niemals wieder vergißt. Drei solcher bemerkenswerten Erlebnisse hatte ich bereits in meinen Jugendjahren. 13, 18 und 19 war ich, und es waren drei dramatische Ereignisse in dem noch kurzen Leben eines jungen Mannes.

Beim ersten Mal wurde ich vor dem Ertrinken gerettet. Beim zweiten Mal wurde ich vor dem Verbrühen bewahrt. Und beim dritten Mal machte ich gerade meinen ersten Hausbesuch als junger Pastor. Ich erfuhr etwas Wunderbares in der Scheune eines Farmers, der eine Stimme vom Heuboden her gehört hatte. Es war für mich jedesmal ein heiliger Augenblick. Und die Achtung vor dem Leben, die ich jedesmal intensiv empfand, habe ich nie wieder verloren.

Die rettende Hand im Wasserrohr

*D*er Cedar ist ein Fluß, der meine Heimatstadt durchquert. Breit und tief windet er sich durch die Landschaft; und er ist wohl Amerikas schönster Fluß. Ich muß es ja wissen, denn ich bin an seinen Ufern groß geworden. Dort, wo er die Stadt durchquert, ist er wild und reißend. Wildbach nennt man diesen Abschnitt bei uns. Und wenn man am Ufer steht, wird klar, warum man vom wilden Wasser spricht. Von den tosenden Fluten wird alles mitgerissen – Äste, Wrackteile von zerborstenen Booten, alte Autoreifen und Abfälle aller Art.

Schon damals, vor sechzig Jahren, als ich noch ein Junge war, wurde das Flußwasser am Ende des »Wildbachs« durch ein gewaltiges Rohr geleitet. Der Zweck dieses Rohres? Alles, was der Wildbach mit sich führte, sollte nicht weiter stromabwärts mitgerissen werden. Fabriken, kleinere Betriebe und Verwaltungsgebäude waren unmittelbar am Fluß errichtet worden. Ihre Fundamente aus Beton, Ziegeln oder Holz sollten möglichst lange erhalten bleiben. Deshalb hatte man vor die Ausflußöffnung des Rohres ein Gitter montiert. Es hielt all die mitgerissenen Gegenstände zurück, so daß die befestigten Ufer stromabwärts nicht beschädigt werden konnten. Alle paar Monate wurde das Gitter entfernt und gereinigt und der ganze Unrat entsorgt.

Wohl jeder Junge, der an den Ufern des Cedar seine Kindheit und Jugend verbracht hat, ist ein guter Schwimmer geworden. Schwimmen war unsere große Leidenschaft, und damit prahlten wir auch. So zogen uns denn die Warntafeln entlang des Wildbachufers magisch an.

»Achtung! Starke Strömung. Schwimmen strengstens verboten!« Aber Sie wissen ja, wie Jungen nun einmal sind. Niemand wollte ein Schwächling sein, und so fragte jeder einzelne sich: »Wie nahe traue ich mich an die Röhre heran?« Eines Tages glaubte ich, nun selber einmal an der Reihe zu sein. Ich würde es den anderen schon zeigen. Und das tat ich dann auch.

Es war die Jahreszeit mit den höchsten Pegelständen, und damit war mein Tun besonders gefährlich. Doch eins hatte ich nicht bedacht: Nicht nur das Wasser im Fluß stand hoch. Auch das Rohr war fast vollständig geflutet. Nur wenige Zentimeter Raum für Luft waren geblieben.

Die Grenze zwischen gesundem Menschenverstand und absoluter Torheit ist manchmal schnell überschritten. Und an jenem Tag übersprang ich leichtsinnig diese Grenze.

Schon war ich im Wasser und schwamm in Richtung Rohrmündung. Einerseits hatte ich die Strömung im Auge, aber ich schaute auch immer wieder zu meinen Freunden hinüber. Die Strömung wurde dann aber so stark, daß auch ein geübter Schwimmer in den Tunnel hineingesogen wurde. Und noch ehe ich richtig begriff, was geschah, war ich in das Rohr hineingespült und durch die hohe Fließgeschwindigkeit unter Wasser gezogen worden. Mein Ende schien gekommen.

Wenn einem zu Bewußtsein kommt, daß man gleich ertrinken wird, geschieht etwas Sonderbares. Alles, was man bisher getan und erlebt hat, läuft wie ein Videofilm im Schnellgang vor einem ab. Gutes und Erfreuliches, aber auch schlimme Erlebnisse, Hoffnungen und Träume – alles taucht noch einmal kurz vor einem auf. Man kann nur staunen. Es ist unglaublich.

Mit 13 denkt ein Junge noch nicht so leicht ans Sterben. Aber ich stellte mich damals darauf ein. Jungen beten auch nicht so viel. Doch in dieser Situation betete ich inständig.

Und plötzlich spürte ich, daß ich nach oben gezogen wurde, als hätte mich eine Hand gepackt. Ich schnappte nach Luft, füllte meine Lungen und kämpfte wieder gegen die Strömung unter Wasser. Gegen den Sog nach unten konnte ich selber wenig ausrichten. Ich war wieder ganz am Röhrenboden. Ich kämpfte um mein Leben – gegen die Strömung, um wieder an den Röhrenausgang zu gelangen, denn am anderen Ende würde es kein Entrinnen geben. Das schwere Gitter würde nicht nachgeben. Da konnte kein Mensch hindurchkommen. Dann griff die Hand wieder zu. Etwas, jemand zog mich hoch, dorthin, wo noch Luft war. Das geschah drei- oder viermal. Und immer wenn die Hand mich nicht mehr hielt, glitt ich wieder zu Boden, ohne eine Chance gegen die Strömung zu haben.

Ich kämpfte noch immer und versuchte, mich in Richtung Eingang zu bewegen. Und dann war mir, als hörte ich in dem Tosen eine Stimme, die rief:»Mach dir keine Gedanken um das Gitter! Laß dich zum hinteren Ende treiben!«Und noch einmal spürte ich die Hand. Diesmal wurde ich fest gepackt und in Richtung Gitter geschleudert. Eine Woge trieb mich fort. Ich gelangte an die Oberfläche, wurde aus dem Tunnel gespült und hatte Luft, soviel ich wollte.

»Siehst du den Holzzaun, Charlie? Versuche, ihn zu erreichen. Halte dich daran fest, bis die Retter eintreffen. Siehst du sie? Sie sind schon unterwegs, um dich zu bergen.«

Ich kann mich nicht mehr im einzelnen daran erinnern, was dann geschah. Aber etwas werde ich niemals vergessen. Als sie mich ins Boot zogen, sagte einer der Feuerwehrleute:»Junge, du hast vielleicht ein Glück gehabt.

Erst gestern haben wir das Gitter entfernt, um es sauberzumachen. Was für ein Glück.«

Warum war das Gitter ausgerechnet gestern abgenommen worden? War es einfach Routine? Oder geschah es gestern, um heute das Leben eines jugendlichen Aufschneiders zu retten?

Was wollte man nicht alles von mir wissen: Name, Wohnort, den Grund meines Handelns. Zum Schluß aber fragte der Einsatzleiter: »War da nicht noch jemand bei dir in dem Rohr? Zwischendurch hatten wir den Eindruck, es seien zwei Personen.«

Oft habe ich mich in all den Jahren gefragt, warum ich damals nicht geantwortet habe: »Doch, wir waren zu zweit, aber der andere konnte wegen dringender Geschäfte nicht bleiben.«

Vor ein paar Jahren saß ich mit ein paar Freunden zusammen, von denen die meisten ziemlich kluge Köpfe waren. Es war eine Runde, in der es kaum Tabuthemen gab. An jenem Abend ging es um außergewöhnliche Erlebnisse. Als ich an der Reihe war, erzählte ich von der rettenden Hand in dem Wasserrohr.

Einer meiner Bekannten war kein gläubiger Christ. Es war ein sehr kluger Mann, ein Denker und Professor an der Universität. Er hatte sogleich eine Erklärung parat: »Du solltest bedenken, Charlie, daß du damals noch jung und im Vollbesitz deiner Kräfte warst. Und in Notsituationen werden oft unbewußt die letzten Kraftreserven mobilisiert. Das ist die Erklärung für dein Erlebnis. Aber wenn es tatsächlich einen Gott gibt, der das Universum lenkt, glaubst du dann nicht auch, daß er keine Zeit hätte für einen dummen Jungen, der in einer Röhre steckt?«

Darauf erwiderte eine Frau aus dem Kreis: »Ja, wußtest du denn nicht, daß Gott auch Engel hat?«

23

65 Jahre ist dieses schlimme Ereignis nun her, aber seit ich die rettende Hand im Tunnel gespürt habe, war ich immer der Überzeugung, die offenbar auch jene Frau teilte: Er hat seine Engel, die ihm dienen!

In meiner Bedrängnis ... schrie ich zu meinem Gott.
Er griff aus der Höhe, erfaßte mich,
zog mich heraus aus großen Wassern.
Psalm 18:7,17

Das Wunder im Ölkessel

Zur Finanzierung meines Studiums bekam ich ein Stipendium. Das hatte viele Vorteile: Ich wurde betreut und beraten, und meine Studiengebühren wurden bezahlt. Außerdem war ich sicher, immer einen Job zur Finanzierung meiner Unterkunft vermittelt zu bekommen. Der Sportverein, der mein Stipendium bezahlte, tat alles, um für uns Studenten eine Arbeit in den Semesterferien zu finden. Es waren möglichst Jobs, die Kondition verlangten, damit wir auf dem Fußballplatz um so mehr leisten konnten.

Im Sommer des vorletzten Studienjahrs hatte der Personalsachbearbeiter einer Konservenfabrik ein Herz für den Sportlernachwuchs, und er bot zwei Jobs an. Zwei Leute sollten Fett aus Schlachtabfällen auslassen. Da hatten mein Studienfreund und ich großes Glück, denn die Arbeit wurde besser bezahlt als manch andere. Doch das Ganze hatte natürlich auch einen Haken.

Bei dieser Arbeit »stinkt es nämlich zum Himmel«. Aus Eingeweiden, die bei hohen Temperaturen gekocht und in Öl erhitzt werden, macht man Schwarten und Därme. Wozu man das macht? Es bringt ein paar Dollar für den Konservenfabrikanten, weil noch Tierfutter daraus gemacht wird.

Den ganzen Sommer über lebten wir wie Geächtete, denn so sehr wir uns auch einseiften und wuschen, es gelang uns doch nicht, den typischen Geruch aus Haaren, Haut und Kleidern loszuwerden. Wegen dieser Wolke, die uns immer zu begleiten schien, durften wir uns kaum noch irgendwo blicken lassen. Mein Freund und ich taten

25

nun vieles gemeinsam: wir bewohnten gemeinsam ein Zimmer, wir aßen zusammen und gestalteten unsere freie Zeit allein, auch wenn uns davon wenig blieb.

An alle Einzelheiten beim Abkochen der Schlachtabfälle kann ich mich nicht mehr erinnern. Jeder, der damit zu tun gehabt hat, wird normalerweise alles tun, um jede Erinnerung daran zu verdrängen. Aber so viel weiß ich noch: Die Schlachtabfälle wurden in Kessel gekippt, in denen zwei Männer gut übereinander stehen konnten. Aus großen Auslaßöffnungen floß heißes Öl über die Fleischabfälle. Und nun wurde das Fleisch abgekocht.

Normalerweise bestand unsere Aufgabe darin, mit Schubkarren die Schlachtabfälle zum Kessel zu transportieren bzw. die fertigen Schwarten fortzubringen. Ab und zu mußten wir aber auch den Kessel, für den wir verantwortlich waren, selber reinigen. Eines Tages stand ich tief unten am Boden meines Kessels und wollte gerade anfangen, ihn zu scheuern. Ich war so beschäftigt und wahrscheinlich derart von dem Geruch benommen, daß ich etwas nicht bemerkte: Jemand brauchte offenbar meine Leiter und zog sie aus dem Kessel. Das verstieß natürlich gegen die strengen Arbeitsbestimmungen im Betrieb. Aber irgendein neuer Mitarbeiter kannte sie offensichtlich noch nicht. (Sie können sich sicher vorstellen, daß niemand diese Arbeit lange tat.)

Wie oft passiert es doch, daß es zu einer Verkettung unglücklicher Umstände kommt. Auch der zweite Fehler, der begangen wurde, war ein grober Verstoß gegen die Vorschriften: Jemand öffnete den falschen Hahn, und heißes Öl ergoß sich in den Kessel, in dem ich mich gerade befand.

Ich zog meinen Kopf ein und versuchte, den einzigen Fluchtweg zu erreichen, der mir noch blieb. Es war ein dünnes Rohr, durch das Wasser in den Kessel gelassen werden konnte. Es war aber so dünn, daß sich nicht einmal der schmächtigste Mann daran hätte hochhangeln können, geschweige denn ein durchtrainierter Football-spieler wie ich.

Was meinen Sie – habe ich damals wohl gebetet? Ich habe gebetet, und die Antwort von oben kam auch prompt:»Das Rohr hoch! Das ist deine einzige Chance!« Und so hangelte ich mich so schnell es ging empor. Immer wieder ein Stückchen höher packte ich das schwankende Rohr, das ölverschmiert und viel zu heiß war, um es überhaupt anfassen zu können. Trotzdem kam ich vorwärts, und es gelang mir, aus dem Kessel zu entkommen. Das Ganze war eigentlich praktisch gar nicht ausführbar gewesen. Jeder in der Fabrik war dieser Meinung.»Das hat er eigentlich gar nicht schaffen können. Das schafft niemand. Wollen wir wetten?« fragte einer der älteren Arbeiter. (Wer diesen Job tut, nimmt jede Gelegenheit wahr, ein bißchen Abwechslung zu schaffen.) Jeder zahlte also seinen Einsatz, und dann versuchte es einer nach dem anderen. Das Rohr wurde trockengerieben, und man stellte sicher, daß es kalt war. Und jeder gab sein Bestes. Auch ich versuchte es noch einmal. Doch der alte Mann, der gezweifelt hatte, behielt recht. Niemand konnte an dem Rohr emporklettern – auch ich nicht! Selbst mit trockenen Händen in einem abgekühlten Kessel schaffte es niemand mehr.

Manchmal überlege ich, was von all den Erklärungen zu halten ist, die ich immer wieder zu hören bekam:»ungenutztes Potential«,»ungeahnte Kräfte«,»schlummernde Fähigkeiten«. Doch wenn ich mir vergegenwärtige, wie ich damals aus dem Kessel entkommen bin und wie mich die Hand im Wasserrohr gepackt hat, dann gibt es für mich nur eine Erklärung: Es hat mich in beiden Fällen der sanfte Flügelschlag eines Engels berührt.

Brathähnchen von Oma Minnie

*D*ie Kirche von Sugar Creek ist ein netter, kleiner Versammlungsraum für die Farmer dieser Gegend. Durch die weißen Schindeln, mit denen sie verkleidet ist, fügt sie sich harmonisch in das Bild dieses Ortes ein – mit seinen weiß gestrichenen Häusern, den roten Scheunen und den gewaltigen Silos. Es gibt hier Mais- und Sojafelder so weit das Auge reicht, Kühe auf den Weiden, Schafe, Schweine, Pferde und Ponys. Und als ihr immer hungriger Pastor konnte ich mich nicht satt sehen an all den vielen Hühnern, die überall herumliefen.

»Preacher Boy«, sagten sie zu mir, »wenn du die Straße heraufkommst, laufen die Hähnchen schon freiwillig zum Hauklotz und legen ihren Kopf drauf.« Sie nannten mich »Preacher Boy«, und damit hatten sie ja recht. Ich war schließlich noch kein richtiger Pastor, nur ein Student vom College. Aber ich fühlte mich wohl hier unter der Landbevölkerung, wo einem so viele Hühner über den Weg liefen.

Ich war damit einverstanden, nach Sugar Creek zu gehen, weil mein Professor zu mir gesagt hatte: »Sie müssen sich so langsam Gedanken über Ihren praktischen Dienst machen. Und hier bietet sich Ihnen die Gelegenheit, praktische Erfahrungen zu sammeln. Ich selber war auch schon in Sugar Creek, und ich garantiere Ihnen, daß Sie es nicht bereuen werden.«

So machte ich mich an einem Samstag spät abends auf den Weg. Wir hatten einen weiteren Sieg unserer Mannschaft gefeiert. (Wir waren besonders gut in jenem Jahr.)

Und so war ich viel zu müde, um mir unterwegs noch eine Predigt zurechtzulegen. Mein Professor hatte mir einen guten Rat mit auf den Weg gegeben: »Gehen Sie einfach hin. Wählen Sie eine Geschichte aus der Bibel aus, die Sie besonders mögen. Sagen Sie den Leuten, was sie Ihnen bedeutet. Schauen Sie die Leute freundlich an, und machen Sie einige Ihrer Späßchen. Sie werden gern dort sein. Gehen Sie nur!«

Nun war ich unterwegs, und alles geschah so, wie es der Professor vorausgesagt hatte. Jeder, der das Glück hatte, als Student in Sugar Creek sein Praktikum zu machen, wird dem Herrn ewig dankbar dafür sein. Ich jedenfalls bin es.

An meinem ersten Sonntag war ich bei einer alten Dame eingeladen, die alle »Oma Minnie« nannten. Und es gab natürlich Brathähnchen. Sie war klein und schmächtig und schon recht betagt mit ihrem schlohweißen Haar. Dabei hatte sie ein so fröhliches Wesen, wie ich es selten bei Menschen erlebt habe. Ihre Augen funkelten schelmisch, ihre Stimme klang frisch und unbeschwert, und in ihrer Seele sah es sicher nicht anders aus. Ja, und sie konnte Brathähnchen zubereiten wie kein anderer. Und das machte mich nun wieder sehr, sehr glücklich.

Viele Jahre lang hatte Oma Minnie die Bibelstunde in der Gemeinde gehalten. Was sie lehrte, kam von Herzen und gründete auf das Buch der Frohen Botschaft. Später wurde mir klar, daß sie es war, die die Gemeinde von Sugar Creek zusammengehalten hatte, besonders in jenen Jahren, in denen die Betreuung durch einen Pastor nicht immer gewährleistet gewesen war.

Schon am ersten Sonntag schlossen wir Freundschaft. Howard, ihr Mann, war ein netter Kerl, der nie viel redete. Am liebsten war er draußen auf dem Hof, wo es immer etwas zu tun gab. Deshalb blieb er auch nie lange nach dem Essen sitzen. Sobald er gesättigt war, entschuldigte er sich und ging hinaus. So konnte ich noch einmal zugreifen, mir ein weiteres Hühnerbein schmecken lassen, über Theologie fachsimpeln und mir außerdem viele gute Ratschläge zu Herzen nehmen.

»Preacher Boy«, sagte Oma Minnie eines Tages zu mir, »wir haben dich alle sehr ins Herz geschlossen. Du stehst da vor uns und lächelst. Du erzählst uns Geschichten aus der Bibel. Meistens kennen wir sie schon. Und wir merken sofort, wenn du etwas durcheinanderbringst. Jemand schüttelt dann den Kopf, und du lachst einfach. Dann lachen wir auch, und alles ist wieder in Ordnung. Aber weißt du, warum wir dich besonders mögen? Lange Zeit haben wir uns immer nur anhören müssen, wie schlecht wir sind. Immer war nur vom Höllenfeuer und von Sünde die Rede. Wir wissen durchaus, was Sünde ist. Wir haben unsere Erfahrungen damit machen müssen. Doch manchmal möchten wir auch das Gefühl haben, daß wir schon ein bißchen auf dem richtigen Weg sind. Und da kommst du und erzählst uns, daß Gott uns wunderbar geschaffen hat und er uns niemals aufgibt. Und du sprichst davon, daß er Jesus gesandt hat, um dort aufzuräumen, wo aufgeräumt werden muß, so daß wir wieder ganz ansehnlich dastehen können.

Und jetzt hör mir gut zu, Preacher Boy: Hör niemals auf, so zu predigen, denn das ist das Evangelium. Das ist die Frohe Botschaft, von der wir niemals genug bekommen können. Nimm noch ein Stück Fleisch! Und merke dir eins: Eines Tages wirst du irgendwo in einer großen Kirche predigen, und ich werde nicht dort sein. Aber ich werde dir zuhören, ich werde ein fröhliches Gesicht machen und dir aufmunternd zuwinken. Und jedesmal, wenn du auch nur ein kleines bißchen von der Frohen Botschaft verkündigst, wirst du einen freundschaftlichen Klaps spüren. Das werde ich sein, Minnie, die dir vom Himmel ein Zeichen gibt.«

Und zum Abschluß ermunterte sie mich: »Da ist noch ein Stückchen Fleisch. Mach alle.« Und das tat ich dann auch.

Wo sind denn die Engel in dieser Geschichte? Auch hier habe ich keinen Engel leibhaftig vor mir gesehen. Doch ich habe die ganze Zeit gespürt, daß jemand über mir wacht. Wenn Sie mein klappriges, altes Kabrio gesehen hätten oder das kaum fahrtüchtigere Motorrad, dann wüßten Sie, was ich meine. Es waren 50 Meilen von meinem College zu der kleinen Kirche. An vielen Stellen waren die Straßen nicht gepflastert, so daß sie morastig wurden, wenn es regnete. An manchen Wochenenden schneite es, es war bitterkalt, und die Straßen waren vereist. Wenn ich an jene Fahrten mit dem uralten Gefährt zurückdenke, dann fällt mir stets die Engelsverheißung aus der Bibel ein, die ich so sehr liebe:

Denn er bietet seine Engel für dich auf,
dich zu bewahren auf allen deinen Wegen.
Psalm 91:11

Die Stimme vom Heuboden

*H*aben Sie auch schon einmal eine Stimme gehört, deren Ursprung Sie nicht feststellen konnten? Sie sind sich ganz sicher, eine Stimme gehört zu haben, aber Sie wissen nicht, woher sie kam. Wer sprach da? Es ist niemand zu sehen, und es ist auch niemand in der Nähe. Sie fragen sich: Haben mir die Ohren einen Streich gespielt? Habe ich den Verstand verloren? Mit wem kann ich überhaupt darüber reden? Werde ich vielleicht ausgelacht?

Lee war überzeugt, daß man ihn auslachen würde. Er war Gemeindemitglied der Kirche von Sugar Creek, und an meinem dritten Sonntag dort wartete er, bis alle gegangen waren. Dann kam er zu mir ans Auto. Ich bemerkte seine Unsicherheit. Später erfuhr ich, daß er bis dahin wenig persönlichen Umgang mit Geistlichen gehabt hatte, so daß er sich nicht vorstellen konnte, wie der neue Preacher Boy reagieren würde. Aber Lee hatte allen Mut zusammengenommen, und so sprach er mich an.

Ganz leise begann er: »Preacher Boy, ich habe ein Problem. Ich muß mit jemand reden, mit dem man auch Pferde stehlen kann. Können Sie heute nachmittag zu mir kommen? Gehen Sie aber nicht ins Haus. Wir treffen uns an der Scheune. Ich warte auf Sie an der Leiter zum Heuboden.«

Das war er also – mein allererster Hausbesuch als angehender Pastor, und er begann an jener Leiter zum Heuboden.

Nachdem er seine anfängliche Beklommenheit überwunden hatte, kam Lee gleich zur Sache. »Eines Tages stand ich im letzten Jahr hier an der Leiter, als ich oben vom Heuboden eine Stimme hörte. Klar und verständlich sagte die Stimme: ›Lee, Gott möchte, daß du eine automatische Futterraufe für Kälber baust. Sie wird konkurrenzlos sein. Du sollst sie folgendermaßen bauen ...‹ Und dann gab mir die Stimme die genauen Maße an. Ich erfuhr, wie lang und breit alles sein sollte und wie die Teile zusammengehörten. Gehen wir mal raus. Ich zeige Ihnen, wie die Tiere gefüttert werden.«

Selbst ich, der ich überhaupt keine Ahnung von der Kälberfütterung hatte, war tief beeindruckt. Es war eine handwerkliche Meisterleistung. Und durch einen entsprechenden Anstrich war die Konstruktion auch noch schön anzusehen. Jedes Kalb hatte seine eigene Futteröffnung. Der besondere Pfiff dieser automatischen Futterraufe aber war, daß jedes Kalb, solange es fraß, eingeschlossen wurde, so daß die stärkeren Tiere die schwächeren nicht verdrängen konnten. Aber Lees Futterraufe hatte noch eine andere Besonderheit. Durch einen speziellen Mechanismus schloß sich jede Futteröffnung, sobald ein Tier seine Ration gefressen hatte. Dann trat ein anderes Kalb in das kleine Gatter.

»Das ist nun die Raufe«, sagte Lee, »genau, wie sie die Stimme mir beschrieben hat. Sie entspricht den genannten Maßen und dem genannten Bauplan. Und alles kam von dieser Stimme vom Heuboden. Wem gehörte die Stimme? War es ein Engel? Das habe ich mich zigtausendmal gefragt. Doch wer immer es war – er hat mir später immer wieder gesagt, daß er für Gott sprechen würde. Was glauben Sie?«

»Ich glaube«, sagte der Preacher Boy, »daß es anfängt zu regnen. Gehen wir lieber wieder in die Scheune. Dort können wir in aller Ruhe weiterreden.«

Als wir uns auf zwei Heuballen niedergesetzt hatten, dankte ich Lee, daß er mir diese beeindruckende Geschichte erzählt hatte. Ich sagte ihm, daß ich ihm jedes Wort glaube, weil ich seit meinem 13. Lebensjahr wisse, daß es Engel gibt. Doch beide waren wir der Meinung, daß man nicht mit jedem darüber sprechen könne. Lange Zeit saßen wir beisammen und sprachen darüber, was uns bewegte. Wie erledigen Engel ihre Aufgaben? Warum greifen sie nicht öfter ein? Warum kommen sie gerade dann, wenn sie kommen?

Dann erzählte mir Lee von anderen Dingen, die er außerdem noch hergestellt hatte: den Mechanismus, durch den die Wind getriebene Wasserpumpe abgestellt wurde, wenn die Zisterne voll war; den Riegel am Scheunentor, den auch das geschickteste Pferd nicht öffnen konnte; die Hühnertränke, die so durchdacht konstruiert war, daß jeder sie haben wollte, der sie sah. Und jede dieser Erfindungen sei nicht aus ihm selbst heraus entstanden, erzählte er. Manchmal sei es ein Traum gewesen und manchmal eine plötzliche Eingebung.

Die meiste Zeit hörte ich ihm zu, doch hin und wieder erzählte auch ich aus meinem Leben Ereignisse, bei denen ich überzeugt war, daß Engel etwas damit zu tun hatten. Ich erzählte von meiner Rettung aus dem Kessel in der Konservenfabrik und von all den kleinen Erlebnissen, bei denen ich den sanften Flügelschlag eines Engels gespürt hatte. Ihm gefiel diese Formulierung, und sie sollte noch oft während unserer so spontan vor dem Heuboden geschlossenen Freundschaft eine Rolle spielen.

Es wurde langsam dunkel, und es war Essenszeit. »Kommen Sie mit ins Haus, Preacher Boy. Niemand kann Hähnchen so braten wie Leora. Und ich wette, daß Sie noch nie in einen leckereren Nußkuchen gebissen haben. Leora versteht etwas davon.«

Noch bevor wir die Scheune verließen, fiel mir ein, was ich irgendwo einmal gelesen hatte: Prediger sollten bei besonderen Anlässen das Beten nicht vergessen. Lee und ich knieten uns also ins Heu, und wir dankten dem Herrn dafür, daß er uns immer wieder seine Engel zur Seite gestellt hatte. Ich dankte ihm für die Erfahrung, aus Notlagen gerettet zu werden, und für Lees kreativen Geist.

Wir schlossen das Gebet mit einer schlichten Bitte:»Herr,
wir wünschen uns, daß wir beide noch sensibler werden,
um auch den allersanftesten Flügelschlag eines Engels
noch mitzubekommen.«

Im letzten Sommer bin ich noch einmal nach Sugar Creek
gefahren. Viele Erinnerungen waren nach über sechzig
Jahren natürlich verblaßt. Doch andere Eindrücke von
damals haben auf Dauer einen festen Platz im bunten
Bilderbogen meiner Lebenserinnerungen.
Oma Minnies Haus steht noch immer, und auch die
lange Zufahrt ist noch so holprig wie damals. Mir war, als
sähe ich Minnie, wie sie freundlich aus dem Küchenfen-
ster schaut und mir einen Teller mit knusprig gebratenen
Hähnchen entgegenhält.
Ich erkundigte mich, ob sich noch jemand an Lees
Kälberraufe erinnern würde. Ja, man erinnerte sich sehr
genau.»Er hat sie sogar zum Patent angemeldet«, erzählte
jemand.
Ich unterhielt mich auch mit Lees Sohn, der Pfarrer
und Krankenhausseelsorger geworden war. Die Geschichte von unserer Begegnung im Heu kannte er nicht.»Aber
das paßt zu meinem Vater«, sagte er.»Engel spielten in
seinem Leben eine bedeutende Rolle, und er interessierte
sich sehr für alles Außergewöhnliche. Ich könnte Ihnen
noch Dinge erzählen, die niemand für möglich halten
würde – ausgenommen wir beide vielleicht.«
Bevor ich Sugar Creek wieder verließ, fuhr ich noch
einmal hinaus zu Lees Scheune. Die Kälberraufe stand
nicht mehr dort, aber ich sah sie noch vor mir. Die
Erinnerung daran war äußerst lebendig geblieben. Als ich
auf dem Vorplatz stand, war mir alles wieder gegenwärtig:
der verlegene junge Farmer, der dem Preacher Boy seine
weit hergeholte Geschichte erzählt. Und ich sah noch

deutlich vor mir, wie wir dort im Heu knieten – zwei
gläubige Männer, die das Staunen nicht verlernt hatten
und dem Herrn für seine Güte dankten – besonders aber
für seine Engel.

DREI

Sag mir, wo die Engel sind

Wann immer Sie das Thema »Engel« im Freundes-
oder Bekanntenkreis zur Sprache bringen, werden
Sie mit Reaktionen rechnen müssen, die nachdenk-
lich stimmen:
Warum runzeln Menschen die Stirn, wenn wir von
Engeln reden? Selbst im biblischen Unterricht wird
man angeschaut, als sei man einer Nervenheilanstalt
entlaufen, sobald man das Thema zur Sprache bringt.
Woher kommt diese Auffassung, daß der Glaube an
Engel selbst für Christen nicht mehr ganz normal ist?
Es ist bedauerlich, aber wahr: In unserem Land
glaubt man nur noch heimlich an die himmlischen
Wesen. Niemand darf davon erfahren. Dabei gibt es
sehr viele Menschen, die nur darauf warten, daß sie
irgendwo und irgendwann einmal einem Zeitgenossen begegnen, der zuhört und Verständnis zeigt und
dann sagt: »Willkommen an Bord, ich gehöre auch
zu denen, die an Engel glauben.«

»Ich spendier dir ein Eis«

Oft habe ich dem Herrn dafür gedankt, daß gerade Dr. B. mein Professor auf dem Bibel-College war. Er war es, der mir empfahl, nach Sugar Creek zu gehen. Aber schon lange vorher waren wir enge Freunde geworden.

Unsere Freundschaft begann mit der ersten Arbeit, die wir bei ihm schrieben. Es war ein Aufsatz zu dem Thema: »Mein tiefstes religiöses Erlebnis.« Es war keine für die Note entscheidende Arbeit. Ein paar Seiten sollten wir schreiben – keine komplizierte Abhandlung.

Ich schrieb über meine Rettung aus der Wasserröhre. Dr. B. war sehr angetan davon. Schon am nächsten Tag sagte er zu mir: »Wenn du Lust hast, gehen wir nach dem Unterricht noch irgendwo hin. Ich spendier dir ein Eis.« Das war eine erste Sympathiebekundung. Von nun an war Dr. B. mein Lieblingsdozent.

Uns verband eine echte Seelenverwandtschaft. Deshalb konnten wir über alles reden, was uns bewegte und uns nahegegangen war.

Warum hatte mir der Football-Verein ausgerechnet für dieses College das Stipendium bezahlt? Auch große Universitäten waren stark interessiert, gute Spieler unter ihren Studenten zu haben. Warum war ich also auf diesem eher bescheidenen Bibel-College gelandet? Wenn ich zurückschaue, dann glaube ich, den Grund zu kennen. Zu jener Zeit brauchte ich einen Freund wie Dr. B., und ich dankte dem Herrn für diese glückliche Fügung. Im Laufe der Zeit begriff ich, daß dieser Dr. B. und die Engel, die um ihn waren, mich auf etwas vorbereiteten, wovon ich damals noch nichts ahnen konnte.

Chicago

 C hicago liegt nur 300 Meilen von der Kleinstadt
entfernt, in der ich das College besuchte. Aber als ich
zum ersten Mal dort war, kam es mir vor, als müßten
3 Millionen Meilen dazwischenliegen. Noch nie hatte ich
so viele Menschen dichtgedrängt an einem Ort gesehen.
Ans Verreisen war bei uns zu Hause aus Geldmangel
niemals zu denken gewesen. Und ich kannte auch sonst
niemand, der dafür Geld übrig gehabt hätte. Und nun war
ich, der Junge vom Land, hier in dieser quirligen Stadt mit
ihren Menschenmassen – und ich fühlte mich schrecklich
verloren. Unser Predigerseminar befand sich auch noch
in einer der berüchtigtsten Stadtbezirke. Kurz nach meiner Ankunft wurde ein vom FBI fieberhaft gesuchter
Verbrecher erschossen, als er aus dem Kino auf der gegen-
überliegenden Straßenseite kam. Ein paar Häuser weiter
war der Schauplatz eines regelrechten Bandenkrieges zur
Touristenattraktion geworden.

Einige von uns Studienanfängern, die zur Finanzierung
von Unterkunft und Verpflegung arbeiten mußten, bekamen Jobs vermittelt. Ich hatte Glück. Ich hatte die ein-
malige Gelegenheit, als Hilfskraft für unseren Nachtwächter zu arbeiten.

Immer um Mitternacht klingelte der Wecker. Dann
stand ich auf und machte – ausgerüstet mit einer Ta-
schenlampe – die Runde auf dem Gelände der Akademie.
Die Rasenflächen dort waren das einzige Grün weit und
breit, und deshalb hatten wir immer viele nächtliche
Besucher. Betrunkene fanden sich in Gruppen ein, Verliebte verbrachten ihr Schäferstündchen hier, und Ob-

dachlose schätzten den weichen Rasen als bequeme Unterlage für das Nachtlager. Wenn ich die ungebetenen Gäste vom Gelände gescheucht hatte, ging ich zurück in mein Zimmer, das ich ganz allein für mich hatte. Ich war der einzige, der auf dem Campus ein »Einzelzimmer« bewohnte. Aber das war längst nicht so komfortabel, wie es sich anhört. Mein »Einzelzimmer« war der große Saal in dem im gothischen Stil errichteten Versorgungstrakt, in dem wir unsere gemeinsamen Mahlzeiten einnahmen. Hier hielten wir uns tagsüber gern auf. Es war unser Speisesaal und gleichzeitig die Aula für Veranstaltungen. Hier wurde gelacht und gescherzt. Es war der einzige Ort auf dem Campus, an dem man einmal so richtig ausgelassen sein konnte. Doch nachts wurde aus diesem Ort der Fröhlichkeit ein finsteres und unheimliches Gewölbe.

Direkt neben dem großen Saal war ein Buchladen untergebracht. Dort hatte man schon mehrmals eingebrochen; und deshalb mußte jemand aufpassen, damit so etwas nicht noch einmal geschah. So legte ich mich Abend für Abend in jenem Saal hin, um wieder einmal, mit der Pistole unter dem Kopfkissen, eine Nacht in großer Anspannung und ohne Tiefschlaf zu verbringen.

Das waren meine ersten Eindrücke und Erlebnisse in der großen Stadt. »Keine Angst! Charlie paßt schon auf!« witzelten meine Kommilitonen. Und auch die Verkäufer im Buchladen schlossen sich an. Nur der Nachtwächter witzelte nicht, denn er wußte um die Gefahren.

Nun möchten Sie sicher gern wissen, ob ich die Pistole jemals benutzt habe: Nein, das habe ich nicht. Doch ich hatte dafür mehr als einmal die Gelegenheit, die Wirkung einer kräftigen Stimme auszuprobieren. In einem Saal mit hohem Gewölbe kann man bei einiger Übung so in den Raum hineinsprechen, daß es sich nach mehreren Stimmen anhört. Diejenigen jedenfalls, die es gewagt hatten hereinzukommen, sind nie lange geblieben.

Wenn ich zurückschaue, frage ich mich manchmal, wie ich das alles gemeistert habe. Der Junge vom Land, der sich in der großen Stadt zu Tode fürchtet. Doch ich habe ein ganzes Jahr lang in jenem Saal geschlafen. Und dafür gab es zwei Gründe: Erstens bekam ich für den Job etwas mehr heraus, als ich für Kost und Logis ausgeben mußte. Und zweitens glaubte ich an Engel.

Immer wieder habe ich mir in jenem Jahr meine liebste Verheißung aus dem Buch der Bücher ins Gedächtnis gerufen:

Denn er bietet seine Engel für dich auf,
dich zu bewahren auf allen deinen Wegen.
Psalm 91:11

Schreiben Sie über alles – nur nicht über Engel

*I*m zweiten Semester sollten wir einen 50seitigen Aufsatz zu einem Thema unserer Wahl schreiben. Die einzige Bedingung war, daß wir jede Aussage mit Stellen aus dem Neuen Testament belegen mußten.

Können Sie sich vorstellen, wie überrascht ich war, als auch der Professor in Chicago mich aufforderte, nach dem Unterricht noch dazubleiben. Aber es war keine nette Überraschung. Er lud mich auch nicht zum Eis ein, noch führten wir ein freundliches Gespräch. Ich versuche einmal, so genau wie möglich wiederzugeben, welchen Rat er mir damals mit auf den Weg gab: »Also, es tut mir sehr leid, aber einen Aufsatz über Engel können Sie bei uns nicht schreiben. Ich habe mit der Leitung gesprochen, und dort ist man meiner Meinung. Angelologie – so nennen wir dieses Gebiet – wirft bei weitem mehr Fragen auf, als Fragen zu beantworten. Statt zu heilen, stiftet sie Unfrieden. Ihnen ist hoffentlich klar, daß ich Ihnen mit diesem Rat einen Gefallen tue. Wir als Mitglieder des Lehrkörpers sind uns stets der Tatsache bewußt, daß wir junge Menschen für den Dienst vorbereiten. Wir meinen es gut mit Ihnen. Deshalb lassen Sie lieber die Finger von solchen kontroversen Themen. Ich glaube, Sie verstehen, was ich meine.«

Nein, ich verstand es keineswegs. Und das sagte ich auch. Damit aber tat ich meinen ersten Fehler. Einen weiteren beging ich, als ich ihm eine persönliche Frage stellte: »Wie interpretieren Sie und Ihre Vorgesetzten dann den Weihnachtsengel, über den ich bei meinem Professor im College schon so oft geschrieben habe?« Ich bekam eine frostige Antwort: »Wir müssen uns immer vor Augen halten, daß vieles in der Bibel historisch zu sehen ist. Wir müssen historische Ereignisse als solche erkennen.«

Und so verfuhr er wohl auch mit all den anderen Engeln in der Bibel. Für ihn paßten sie in eine längst vergangene Zeit. Je unnachgiebiger ich argumentierte, desto mehr verlor er die Fassung. Da konnte ich froh sein, daß ich später trotzdem mein Griechischexamen bestand.

Aber diese unerfreuliche Begegnung hatte auch ihr Gutes. Ich war durch sie sehr nachdenklich geworden. Und so gewann ich folgende Erkenntnisse, an die ich mich mein Leben lang hielt:

a) Die Bibel ist zwar auch historisch, aber nicht in erster Linie. Zuallererst ist sie ein Leitfaden unseres himmlischen Vaters, der uns hier und heute zu einem siegreichen Leben verhelfen will.

b) Wenn mir jemand von Erlebnissen mit Engeln erzählt oder wenn ich selber den sanften Flügelschlag eines Engels gespürt habe, stelle ich mir immer zwei Fragen:

1. Stimmt das Erlebte mit den biblischen Berichten von Engeln überein?

2. Hat sich die Begegnung für mindestens eine oder sogar für mehrere Personen segensreich ausgewirkt?

Wenn ich an das erste Jahr am Predigerseminar zurückdenke, dann haben die unheimlichen Nächte im finsteren

Gewölbesaal wohl den nachhaltigsten Eindruck hinterlassen. In diesem Zusammenhang fällt mir dann auch wieder mein Professor ein, der so skeptisch über Engel dachte und lehrte. Und dann muß ich schmunzeln, weil ich mich frage, ob ihm an meinem finsteren Schlafplatz nicht doch Engel lieber gewesen wären, die konkret in unser Leben treten, statt nur historische Figuren zu sein.

Ob er wohl heute, da man ganz neu über Engel nachdenkt und viel darüber schreibt, nicht doch seine Meinung ändern würde?

Billy Graham hat mit seinem wunderbaren Buch über Engel wichtige Anstöße hierfür gegeben. Inzwischen offenbaren die Bestsellerlisten des Buchhandels, daß sich immer weitere Kreise für dieses Thema neu zu interessieren beginnen.

Wer Engel liebt, sollte sich einmal in den Medien umsehen. Er wird feststellen, daß immer häufiger das Übernatürliche und Unerklärliche besonderes Interesse erregt. Und was bedeutet das? Insgeheim sehnen sich viele Menschen danach, daß der Glaube an Engel wieder so sehr ein Teil unseres Lebens wird, wie es jeder Schlag unseres Herzens ist.

VIER

Was ist ein Engel?

Lobt den HERRN von den Himmeln her!
Lobt ihn in den Höhen!
Lobt ihn, alle seine Engel!
PSALM 148:1-2

Was ist ein Engel?

*I*ch habe Ihnen von meinen persönlichen Begegnungen mit Engeln erzählt und habe aufgeschrieben, was andere Menschen erlebt haben. Aber wenn Sie genauso wißbegierig sind wie viele Teilnehmer meiner Workshops und Seminare, dann werden Sie trotzdem noch wissen wollen, was Engel denn nun eigentlich sind.

Engel sind uns immer ein Rätsel gewesen, und sie haben uns über die Jahrhunderte in Erstaunen versetzt. Wir werden niemals Gottes Gedanken ergründen können, und so werden wir auch nie ganz verstehen, was Engel sind. Wir wissen nicht, warum Gott einmal seine Engel sendet und ein andermal nicht. Manchmal überrascht uns der sanfte Flügelschlag eines Engels, und dann gibt es Situationen, in denen wir zwar um einen Engel bitten, aber wir erhalten keine Antwort. Dies sind Geheimnisse, die wir in diesem Leben nicht lüften werden.

Doch wenn wir in die Bibel hineinschauen und nachforschen, wie Engel mit Menschen umgehen und wie das Wesen Gottes ist, dann können wir durchaus einiges in Erfahrung bringen, was Engel sind und was sie tun. Ich bin oft gefragt worden, ob ein Engel letztlich Gott in besonderer Gestalt ist. Ich denke, daß die Bibel ganz klar sagt, daß dies nicht zutrifft. Also fragen wir noch einmal: Was ist denn nun ein Engel?

Der biblischen Antwort kommen wir mit zwei Begriffen wohl am nächsten: Manifestation und Diener. Wir wissen wohl alle, was ein Diener ist. Was aber ist eine Manifestation? Wenn wir im Wörterbuch nachschauen, dann bedeutet manifestieren: offenbaren, bekunden, zu erkennen geben.

Da Gott Liebe ist und Engel da sind, ihm zu dienen und ihn zu »manifestieren«, besteht ihre Aufgabe darin, seine Liebe zu »offenbaren, zu bekunden und zu erkennen zu geben«.

Engel tragen die Liebe Gottes dorthin, wo er sie im Augenblick gerade offenbart haben will. Und da die Liebe des himmlischen Vaters grenzenlos ist, kommen wir folgerichtig zu einer weiteren Erkenntnis: Um dem Volk Gottes zur Seite zu stehen, tun Engel alles, unter allen Umständen, jederzeit und an jedem beliebigen Ort.

Um authentische Informationen über das Handeln der Engel zu bekommen, konsultiert man am besten die Bibel. Hier, direkt an der Quelle, offenbart sich uns ein breites Spektrum ihrer Aktivitäten.

- Engel verkündigen (überbringen Botschaften) – Lukas 1:26-33; 2:8-12
- Engel warnen – Matthäus 2:13
- Engel geben Rat – Matthäus 1:18-23
- Engel preisen Gott – Lukas 2:13-14
- Engel essen – Psalm 78:25
- Engel fliegen – Wie oft wird wohl in der Bibel von fliegenden Engeln berichtet? Sehr oft. Suchen Sie zwölf Stellen.
- Engel steigen vom Himmel herab und zum Himmel empor – 1. Mose 28:12; Johannes 1:51
- Engel halten Wacht – Psalm 34:8
- Engel bekunden ihren Unmut – Sacharja 3:4
- Engel trösten – Apostelgeschichte 27:23-24
- Engel heilen – Hiob 33:20-24
- Engel verkünden die Wahrheit – Hebräer 2:2
- Engel führen richtige Gespräche (Engel haben nicht nur einseitig Botschaften an die Menschen. Sie unter-

halten sich auch mit ihnen.) – Sacharja 1:9; Lukas
1:34-35
• Engel predigen – Galater 1:8
• Engel verkünden – Offenbarung 5:2
• Engel suchen die Verlorenen – 1. Mose 16:7
• Engel sorgen für unser leibliches Wohl – 1. Könige 19:7
• Engel bedienen Christus – Matthäus 4:11; Markus
1:13
• Engel dienen den Menschen – Hebräer 1:14
• Engel befreien – Apostelgeschichte 5:19; 12:7-9
• Engel weisen den Weg – Apostelgeschichte 8:26
• Engel erretten vom Tod – Daniel 6:22
• Engel schlagen unsere Schlachten – 2. Mose 33:2
• Engel übernehmen regelmäßige Aufgaben – Johannes
5:4
• Engel beten an – Jesaja 6:2-3; Offenbarung 5:11-12

25 Tätigkeiten von Engeln aus biblischer Zeit haben wir
hier aufgeführt. Wenn man wollte, könnte man fast drei-
hundert Aktivitäten zusammentragen. Das ist eine er-
staunlich große Zahl, nicht wahr? Fast dreihundertmal
sind nach biblischen Berichten Engel für den Herrn aktiv
eingetreten.
Wir könnten dieser Liste noch eine weitere anfügen.
Wenn jeder Zeugnis ablegen würde, der auch nach Abschluß der biblischen Epoche das erlebt hat, was wir als
den sanften Flügelschlag eines Engels bezeichnen, so wäre
dies ein überwältigendes Zeugnis für Gottes Liebe, die er
den Seinen schenkt.

FÜNF

Wir ebnen Gottes Wege

»Da bist du in mein Leben getreten,
und ich spürte den sanften Flügelschlag eines
Engels.«

Vielleicht war es ein Freund, vielleicht ein Fremder,
ein Angehöriger. Er wurde gesegnet, und auch Sie
wurden einbezogen in diese Segnung.

Sind Sie deswegen schon ein Engel? Leider nicht. Die
Bibel sagt ein klares Nein. Sowohl im Alten als auch
im Neuen Testament ist die Antwort eindeutig.

Der Vers ist bekannt, aber lesen wir ihn noch einmal:
»Was ist der Mensch, daß du sein gedenkst ...?
Denn du hast ihn wenig geringer gemacht als
Engel.«
PSALM 8:4-5 und HEBRÄER 2:7

»Werden wir dann nicht wenigstens Engel im Himmel sein?« Auch hierauf lautet die biblische Antwort: »Nein!«

Hier auf der Erde ist dies unsere Berufung,
solange wir leben:
Alle, die wahre Jünger unseres Herrn sein wollen,
setzen alles daran, um seinem Wesen immer
ähnlicher zu werden,
damit immer dann, wenn er sie braucht,
sie bereit sind,
seinen Engeln die Wege zu ebnen.

Der Footballspieler und das Feuer

*I*n unserer Universitätsstadt joggte eines Morgens ein im ganzen Land bekannter Footballspieler. Es war noch sehr früh und auch dunkel. Als er einen Hügel herabgelaufen kam, sah er ein Feuer am Straßenrand. Er beschleunigte seinen Schritt und rannte schließlich so schnell er konnte. Und weil er so schnell laufen konnte wie ein im ganzen Land bekannter Footballspieler, rettete er einer Frau das Leben.

Sie war die einzige Beteiligte an dem Autounfall, und niemand war in der Nähe. Sie wußte auch nicht mehr, was geschehen war. Auf dem Weg zur Arbeit war sie gewesen, und dann mußte sie eingenickt sein. Doch eins war ihr ganz bewußt: Als sie gegen den Telefonmast schleuderte, ging ihr Auto in Flammen auf. Der Motorraum wurde eingedrückt, die Kotflügel, die Bodenplatte und die Tür völlig zerbeult. Die Frau war gefangen, ein Bein im Fußraum gestaucht.

Bevor ich weitererzähle, will ich anmerken, daß jener Footballspieler ein gläubiger Mensch war. Seit seiner Kindheit hatte ihm seine Mutter viel vom Herrn erzählt. Sie hatte ihn gelehrt, daß Gott jedem, der es braucht, zur unerschöpflichen Kraftquelle werden kann. Auf diese Kraft könne jeder zurückgreifen, der mit dem göttlichen Geist in Verbindung bliebe.

Als der Mann das brennende Auto erreichte, war ihm sofort klar, daß die Frau schnell Hilfe brauchte. Mit seinem starken Arm riß er die verbeulte Tür vom Auto auf, befreite ihr eingeklemmtes Bein und rettete ihr so das Leben.

Inzwischen waren andere Passanten eingetroffen, und auch die Polizei war zur Stelle. Als der Footballspieler sah, daß die Frau in guten Händen war, setzte der seinen Lauf fort.

Und nachdem die Frau erzählt hatte, was vorgefallen war, fragten Retter sie: »Wer war denn der Mann?«

»Ich habe keine Ahnung«, antwortete sie. »Ich frage mich ernsthaft, ob es vielleicht ein Engel war.«

Aber das ist noch nicht das Ende der Geschichte. Jemand am Unfallort kannte zufällig die Strecke, die der Football-spieler jeden Morgen lief. Man heftete sich ihm an die Fersen, und bald hatte man ihn eingeholt.

»Waren Sie das eben an dem brennenden Auto?« fragten Polizei und Reporter. »War ich«, gab er zu. »Warum sind Sie denn nicht geblieben, um uns von dem Vorfall zu berichten? Wie heißen Sie?«

»Warum sollte ich Ihnen das sagen?« fragte er zurück. »Sie waren doch am Ort. Ich muß meinen Lauf beenden und dann schnell zur Uni.«

Später gab er doch noch ein Interview im Fernsehen. Dort gab er sich so wortkarg wie immer. Seine Mutter habe ihm immer erzählt, daß Gott uns in lebensbedrohlichen Situationen Kraft schenke. Man müsse nur tun, was der Herr tun will, seiner Mutter danken und sich dann wieder aus dem Staub machen.

Abschließen wollen wir die Geschichte mit einer heiteren Pointe. Einer der Footballtrainer, der Clown der Mannschaft, witzelte, als er von dem Ereignis hörte: »Unsere Mannschaft braucht offenbar viel mehr Mutter-söhnchen.«

Ein Anruf von Schwester Wehking

*I*n einer Gemeinde mit über tausend Gottesdienstbesuchern hat man als Pastor Freiheiten, die man sonst
nicht unbedingt hat. So kann man Gemeindeglieder besonders mögen, ohne daß es jemand bemerkt.
Die schon betagte Schwester Wehking gehörte bei mir
zu diesem bevorzugten Personenkreis. Wir konnten uns
über alles unterhalten. Sie erzählte mir von ihren Sorgen,
und ich konnte über meine mit ihr sprechen. Ihr Herz war
schwach geworden, und die Ärzte hatten ihr mitgeteilt,
daß sie damit durchaus noch eine Weile leben könne. Eine
Operation sei allerdings auch möglich. Zwar sei das mit
Risiken verbunden, doch wenn alles gutgehen würde,
bliebe sie ohne weiteres noch eine längere Zeit ihrer
Familie erhalten. Sie hatte einen Sohn, eine Schwieger-
tochter, die sie ins Herz geschlossen hatte, und drei großartige Enkel. Was sollte sie tun?
Ich wußte, daß irgendwann diese wichtige Entscheidung anstand. Ich wußte allerdings nicht, daß es inzwischen akut geworden war. Wie ginge es Ihnen, wenn Sie
solch eine wichtige Entscheidung treffen müßten, wenn
es von Ihrem Entschluß abhinge, ob Sie sich operieren
lassen oder ob Sie auf die Chance setzen würden, ohne
Eingriff doch länger zu leben. Würden Sie nachts noch
schlafen können? Da fährt die Seele Achterbahn – einmal
ist man oben, dann wieder ganz unten. Soll man, soll man
nicht?
Ich fuhr gerade auf der Katy Road, eine der großen
Verkehrsadern, die in die Innenstadt von Houston führen.
Der Tag neigte sich dem Ende zu, und ich wollte noch in

mein Büro im Gemeindezentrum. Dort wartete noch viel Arbeit auf mich: eine Unmenge Telefonate, Besucher, die mich sprechen wollten, Auseinandersetzungen im Mitarbeiterkreis und die üblichen Aufgaben und Pflichten in einem Pastorat. Außerdem mußte ich noch die Abendveranstaltung vorbereiten. Die Zeit wurde knapp. Ich war im Krankenhaus aufgehalten worden. Die Notfälle, zu denen ich gerufen worden war, hatten den ganzen Nachmittag in Anspruch genommen.

Während ich mich bemühte, schnell voranzukommen, dachte ich plötzlich an die alte Schwester Wehking. Ich war gerade ein paar Minuten zuvor an der Straße vorbeigefahren, in die ich immer abbog, wenn ich sie besuchte. Als ich an sie denken mußte, war ich allerdings schon drei oder vier Meilen von jener Abzweigung entfernt. Doch bevor ich noch an etwas anderes denken konnte, spürte ich plötzlich eine innere Unruhe. Sollte ich nicht doch umkehren und bei ihr vorbeischauen? Nein! Ich hatte einfach keine Zeit dafür. Vielleicht wäre es aber doch gut? Vielleicht brauchte sie Gebet.

Ich war hin und her gerissen zwischen »Nein, das geht nicht!« und »Doch, ich sollte vorbeifahren!« Schließlich entschied ich mich für den Besuch. Ich wendete also und fuhr zu dem kleinen, weißen Haus. Als ich läutete, dauerte es länger als üblich, bis sie die Tür öffnete und mir ihre Arme entgegenstreckte. »Oh, Charlie«, sagte sie. »Ich bin ja so froh, daß Jean dich doch noch erreicht hat. Ich muß dich dringend sprechen.

Morgen muß ich dem Arzt mitteilen, wie ich mich entschieden habe. Ich möchte unbedingt noch einmal mit dir darüber reden und mit dir zusammen beten. Sag Jean, daß ich ihr dankbar bin, daß sie herausbekommen hat, wo du warst.«

Noch mehrmals während meines kurzen Besuches sagte sie: »Ich bin so froh, daß Jean dich erreicht hat. Ich hatte schon Sorge, daß sie dich nicht findet.«

Nun war ich aber so neugierig geworden, daß ich nicht mehr an mich halten konnte. Ich fragte: »Schwester Wehking, du sprichst immer davon, daß Jean mich gefunden hat. Wie soll ich das verstehen? Ich habe seit heute früh nicht mit ihr gesprochen.«

»Wie, du hast mit Jean gar nicht gesprochen? Sie erzählte mir, du seist im Krankenhaus. Und ich habe den ganzen Nachmittag gebetet, daß sie dich finden möge. Deshalb hat es auch so lange gedauert, bis ich dir aufgemacht habe. Ich war hinten im Schlafzimmer im Gebet.«

Sie können sich vorstellen, daß wir nicht aufhören konnten, über dieses seltsame Zusammenspiel zu reden. Was für eine großartige Erfahrung hatten wir an jenem Tag zusammen gemacht! Wir beteten noch zusammen, und dann fuhr ich endlich ins Büro.

Wie gesagt: So manch einer nennt es Zufall, Fügung oder Schicksal. Und wenn schon! Für mich ist es auch in diesem Fall »der sanfte Flügelschlag eines Engels« gewesen!

Die Hand am Autoschlüssel

*D*ie Engel nähern sich uns auf ganz unterschiedliche Weise. Manche Menschen erzählen, sie spürten ein »inneres Glühen«, andere hören Musik, und sie haben nur eine Erklärung dafür: »Solche Töne, solche Harmonien sind nicht von dieser Welt.« Wieder andere berichten, daß sich Engel bei ihnen durch liebliche Düfte ankündigen.

Manchmal sind Lichterscheinungen das Zeichen – Lichter, die sich nähern, die Person umhüllen oder von Ferne leuchten.

Andere bezeugen dagegen, daß sich ihnen Engel ohne irgend ein Anzeichen nähern. Urplötzlich und völlig unerwartet sind sie gewiß, daß sie den sanften Flügelschlag eines Engels gespürt haben. Welcher Mensch, der an Engel glaubt, hat das nicht schon erlebt? Erst nach der Rettung, dem Wunder, dem besonderen Segen ist uns klar geworden: »Das war ein Engel!«

Bei mir selber haben sich Engel immer wieder durch eine zugreifende Hand bemerkbar gemacht. Ein Ziehen, ein Druck, eine Bewegung, eine Warnung, ein Tippen auf die Schulter war es. Überraschen kann mich das eigentlich nicht, denn schon damals, als ich 13 war, habe ich die Hand eines Engels gespürt.

Die Bibel spricht oft von der »Hand Gottes«, und sie meint damit seine Gegenwart. Und aufgrund meiner persönlichen Erfahrungen lautet einer meiner Lieblingsverse aus der Bibel: »Ich hörte das Rauschen der Flügel der lebenden Wesen ... und die Hand des HERRN war hart auf mir« (Hesekiel 3:13-14).

Eines Abends spürte ich allerdings nicht nur Gottes sanfte Hand. Diesmal spürte ich in meinen Fingern, daß Gott unbedingt etwas durchsetzen wollte.

Als ich abends in die Garage fuhr, wußte ich, daß ein leckeres Essen auf mich wartete, und darauf freute ich mich schon sehr. Wenn meine Lieblingsköchin etwas zubereitet hatte, konnte ich immer kaum abwarten, endlich am Tisch zu sitzen, ganz gleich, was sie gekocht hatte. Doch diesmal kam etwas dazwischen. Als ich die Zündung abstellte, konnte ich plötzlich meine Finger nicht mehr vom Schlüssel lösen. »Was ist denn jetzt los?« fragte ich laut. Und aus einem Winkel meines Herzen bekam ich die Antwort: »Fahr noch bei Roy vorbei!« Das war klar und eindeutig. Einwände waren nicht erlaubt. Ich wußte aus Erfahrung: Wenn Gott so in meinem Innersten redete, dann hatte ich zu gehorchen. »Es ist doch aber Essenszeit«, wandte ich ein. Ich versuche immer, den Herrn umzustimmen, wenn Essen auf dem Tisch steht. »Das Essen kann warten, Charlie. Mach dich auf den Weg.« »Warum denn bloß? Roy war doch gestern in der Gemeinde. Ihm ging es offensichtlich gut.« Die Antwort war Schweigen. Also startete ich den Wagen und fuhr los.

Roy war ein Mann, der zu den Senioren unserer Stadt zählte. Alle mochten ihn, und obwohl er schon recht betagt war, kam er noch ganz gut allein zurecht. Roy besaß mehrere Farmen, und so war er jeden Tag unterwegs, um nach dem Rechten zu sehen. Er half mal hier, mal da oder stand einfach nur so am Koppelzaun und freute sich an den Kälbern, Fohlen und Lämmern. Seine Farmen waren sein Leben.

Roy wohnte kaum eine Meile entfernt in einem riesigen Landhaus, das als markanter Punkt in der Landschaft schon von weitem sichtbar war. Beeil dich, Charlie! Wer weiß, wie dringend du gebraucht wirst.

Ich wurde wirklich gebraucht.

Ich stürzte die paar Stufen zur Eingangstür hinauf. Doch sie war verschlossen. Von drinnen hörte ich ein Stöhnen. Weil aber die Vorhänge zugezogen waren, konnte ich nichts erkennen. Noch einmal hörte ich das Stöhnen. Am schnellsten würde ich wohl durch die Hoftür ins Haus gelangen.

Diese Tür war nicht verschlossen. Ich eilte ins Wohnzimmer und fand Roy am Boden liegend. Er blutete und rief um Hilfe. Jetzt war keine Zeit für Erklärungen. Ich schaute mir seine Schnittwunden an und wusch ihm das Blut ab.

Nachdem ich ihn gesäubert hatte und er wieder ruhiger geworden war, zog ich ihn auf die Couch.

Dann erzählte er, was vorgefallen war. Er sei über einen Baumstumpf gestolpert, und beim Sturz sei seine Brille zerbrochen.

»Aber wie bist du dann noch mit dem Auto nach Hause gekommen? Das sind doch sechs oder sieben Meilen. Mit Schnitten im Gesicht und ohne Brille! Wie hast du das bloß geschafft?«

»Ich weiß es nicht, Charlie. Ich denke, daß der Herr mit mir war.«

Bald kam auch seine Frau, und sie übernahm nun die Versorgung. Als sie gehört hatte, was passiert war, faßten wir drei uns bei den Händen und sprachen ein Gebet.

Beim Verabschieden sagte Roy: »Danke, Charlie. Woher wußtest du eigentlich, daß ich dich brauchte?«

Ich dachte, es sei besser, ihm erst später von meinen am Zündschlüssel klebenden Fingern zu erzählen. Deshalb sagte ich nur kurz: »Ich glaube, es war ein Engel, Roy.«

58

»Das kann gut sein«, erwiderte er. »Als ich da am Boden lag, betete ich, du mögest vorbeikommen.«

Hier noch ein Bibelwort, das in die geschilderte Situation paßt. Aber ich denke, es ist auch ein Wort, das uns allen viel bedeutet:

Ich suchte den HERRN, und er antwortete mir.
Psalm 34,4

»Fahr los, aber sofort!«

*E*s war wieder Essenszeit, und Sie wissen inzwischen, was das für mich bedeutete. Ich hatte Hunger. Doch diesmal war ich auch noch ganz allein zu Hause, und das war schon nicht mehr ganz so typisch. Martha war zu einem überkoñfessionellen Frauentreffen gefahren, und ich erwartete sie eigentlich jeden Augenblick. Wir wollten dann zusammen zu Cecils Grillstube fahren. Er hatte die beste Küche weit und breit.

Von meinem Arbeitszimmer aus konnte ich beide Eingangstüren unseres großen, alten Hauses im Auge behalten. So war ich auf dem Sprung, um meine Frau gleich in die Arme nehmen zu können, sobald sie eintrat. Sie freute sich über solche Gesten, und mir machte es auch Spaß.

Gerade als ich in Gedanken die Ereignisse dieses Tages noch einmal an mir vorbeiziehen ließ, überkam mich ein seltsames Gefühl. Ich fühlte mich merkwürdig bedrückt. Es mußte irgend etwas passiert sein. Weil ich diese Empfindung aber nicht richtig einordnen konnte, schob ich sie beiseite.

Plötzlich legte sich noch einmal dieser dunkle Schatten auf mein Herz, und ein Gedanke schoß mir durch den Kopf: Die Haroldsens! Sie brauchen dich! Es war ein sehr sympathisches Ehepaar – David und Rebecca. Sie waren gerade erst vor drei Monaten zu uns in die Stadt gezogen, und sie kamen regelmäßig in die Gottesdienste. Ich hatte sie einmal zu Hause besucht. Sie gehörten zu den Menschen, die einem gleich irgendwie sympathisch sind. David war Elektriker bei den Stadtwerken. Und zur Familie gehörten noch drei kleine Kinder.

Doch in diesem Augenblick wartete ich auf Martha. Immer wenn ich meine innere Stimme zum Schweigen bringen will, habe ich bestimmt irgendwelche Argumente parat: »Sie ist jetzt den ganzen Tag fort gewesen, und sie kann jeden Augenblick heimkommen. Außerdem wollen wir in die Grillstube gehen.« Führen Sie auch manchmal solche Selbstgespräche – auch laut, wenn niemand zuhört? Ob laut oder nur in Gedanken – mit wem reden wir da eigentlich? Mit uns selbst, mit unserem Gewissen oder vielleicht mit dem Herrn?

Wer immer auch mein Gesprächspartner war, noch einmal schaltete ich einfach ab. Ich wollte ungestört auf Martha warten. Ich versuchte, mich in meinem Büro irgendwie zu beschäftigen, um die Zeit bis zu ihrer Ankunft zu überbrücken. Doch dann kam dieser Impuls noch einmal. Diesmal aber mit Nachdruck: »Mach dich auf den Weg. Fahr los, aber sofort!«

Drei Anstöße – das reichte. Aus Erfahrung wußte ich, daß ich meine innere Stimme einmal, vielleicht sogar zweimal zum Schweigen bringen konnte, aber dreimal noch nie. Das Maß war voll. Ich setzte mich ins Auto und fuhr los. Schon ein paar Straßen weiter war ich am Ziel.

Als ich mich dem Haus näherte, hörte ich den Aufschrei einer Frau. Konnte es Rebecca sein? War sie in Schwierigkeiten? Ich stürzte die Treppe hinauf und öffnete die Tür. Dort stand sie – den Hörer in der Hand, den Säugling auf dem Arm und die beiden anderen Kinder an ihrer Schürze hängend. Dieses Bild werde ich niemals vergessen. Es war schrecklich. Panikstimmung. Verzweiflung. Die Dienststelle ihres Mannes hatte angerufen und mitgeteilt, daß David durch einen Stromschlag ums Leben gekommen war.

Nie in meinem Leben habe ich so viel Mitleid für einen Menschen empfunden. Da war eine sympathische junge Frau mit einem Schlag zur Witwe geworden, und drei kleine Kinder waren von diesem schrecklichen Augenblick an Halbwaisen, die keinen Vater mehr hatten.

Was, in aller Welt, konnte ein Pastor in solch einer Stunde sagen? Nicht viel, was angemessen wäre. Seine Gegenwart allein genügt vielleicht schon, vielleicht ein sanfter Händedruck, um der zerschlagenen Seele Trost zu spenden.

Wenn ich an jene tragischen Stunden zurückdenke, dann muß ich schon sagen, daß ich sehr stolz auf die Frauen meiner Gemeinde war. Ich freute mich auch über die Mitarbeiter von den Stadtwerken. Die Männer kamen allein oder mit ihren Frauen, um zu helfen, wo es nötig war. Auch die Nachbarn waren zur Stelle. Die Haroldsens waren zwar gerade erst zugezogen, also noch fremd in dieser Gegend. Aber wer in dieser Stadt ist ein Fremder, wenn Leid über ihn hereinbricht? Man brachte Essen und Blumen und Liebe – wahre Liebe – mit. Es war die Liebe Gottes pur.

Schließlich trafen auch die Angehörigen ein – Menschen jeden Alters und jeder auf seine Art sympathisch. Die Kirche war übervoll bei Davids Beerdigung. Das war typisch für die Bewohner unserer Stadt. Für sie galt das Motto: »Frag nicht, für wen die Glocken läuten. Sie läuten immer auch für dich.«

Bevor Rebecca in die Nähe ihrer Eltern zog, wurden wir noch richtig gute Freunde – der Pastor und die Mutter mit dem gebrochenen Herzen, die sich ausweinen konnte. Wir sprachen viel über das Geschehene und fragten uns immer wieder: »Warum? Wie konntest du das zulassen, Herr?« Wir diskutierten und diskutierten. Aber wie sagt doch eine alte Weisheit: »Wir kamen immer wieder aus der Tür heraus, durch die wir schon hineingegangen waren.«

Es ist ganz furchtbar, wenn man sich so hilflos fühlt. Man sucht nach Worten, weiß nicht, wie es weitergehen soll, und man muß sich der bitteren Wahrheit stellen: Das, was man sich so sehr wünscht, ist nicht erfüllbar.

»Komm doch wieder, David. Wir brauchen dich hier.«
Weil man aber in den Wind spricht, redet man weiter und
weiter, stellt alte Fragen, schweigt gemeinsam und redet
wieder. Drei Jahre später erhielt ich einen Brief von Rebecca.
Sie wollte wieder heiraten – einen netten Mann, der ihre
Kinder liebte. Sie bat mich, für sie und ihn und für alle
zusammen zu beten. Das tat ich dann auch. Unsere ganze Gemeinde betete
und sicher auch ihre Angehörigen.

Ich wünschte, ich könnte davon berichten, daß Rebecca und ihr Mann noch immer glücklich und zufrieden
sind. Leider kam es anders. Die drei Kinder überforderten
ihren Mann, und so war sie eines Tages wieder allein. Nun
stellten wir uns erneut dieselbe Frage: »Warum das alles?
Wie konntest du es nur zulassen, Herr? Es ist einfach
ungerecht.«

Inzwischen geht es Rebecca recht gut nach allem, was ihr
widerfahren ist. All die Jahre hat sie sich an ein Wort aus
dem Römerbrief gehalten: »Wir wissen aber, daß denen,
die Gott lieben, alle Dinge zum Guten mitwirken« (8:28).
Sie ist in ihrer Gemeinde engagiert, sie hat eine gute
Arbeit, und auch ihre drei Kinder sind ordentlich geraten.
Alle sind inzwischen verheiratet, und Rebecca kann mit
ihren Enkeln vollauf zufrieden sein. Sie empfindet sie als
richtigen Segen. »Ich weiß gar nicht, was ich ohne sie
machen würde«, sagt sie. Ich freue mich jedenfalls, daß
ich doch noch so viel Gutes berichten kann.

Was sie in ihrem letzten Brief mitteilte, hat mich
besonders froh gemacht: »Ich denke daran, wieder zu
heiraten. Clyde ist zehn Jahre älter als ich, aber ein
richtiger Kavalier, der voll im Glauben steht. Wenn wir
uns irgendwann einmal wiedersehen, werde ich dir be-

richten, wie wir uns begegnet sind. Es ist eine unglaubliche Geschichte. Du wirst Deine Freude daran haben. Ich höre richtig, wie Du sagst: ›Das kann nur ein Engel gewesen sein‹. Manchmal muß ich noch an jenen furchtbaren Tag denken, als Du gerade in dem Augenblick zur Tür hereinkamst, da ich die Schreckensnachricht erhielt. Ich glaube, daß auch damals ein Engel dabei war.«

Das glaube ich auch, Rebecca. Wie sollte ich ohne göttliches Eingreifen sonst davon erfahren haben? Allerdings ist mir noch immer unbegreiflich, warum überhaupt so etwas Schreckliches passieren mußte. Wo war Gott, als das Kabel riß?

Wir werden diese Fragen immer wieder stellen, und immer wieder wird die Antwort im Dunkeln bleiben. Aber haben wir nicht trotzdem eine großartige Verheißung von unserem Herrn?

Was ich tue, weißt du jetzt nicht, du wirst es aber
nachher verstehen.
Johannes 13:7

SECHS

Babys, Kinder und die Engel

»Du kennst mich, Charlie. Ich bin eigentlich immer ein ungläubiger Thomas gewesen. Als ich aber den kleinen Jason in meinen Armen hielt, da ist all meine Skepsis mit einem Schlag gewichen. Solch ein kleines Wesen löst eine solche Fülle von Empfindungen aus. Da kann man nicht anders, als an den Gott zu glauben, der solche Wunder wirkt. Ist es nicht geradezu ehrfurchtgebietend, wenn man in solchen Augenblicken erkennt, wie Gott hier die Fäden gesponnen hat? Warum haben gerade Felicia und ich dieselbe Schule besucht? Warum haben gerade wir beide geheiratet? Es hätte ja auch jemand anders sein können. Ich kenne die Antwort jetzt. Dieses einzigartige kleine Wesen, unser Jason, wäre nicht entstanden, wenn all das vorher nicht passiert wäre. Er ist die Erfüllung all unserer Träume. Und es mußte schon sehr viel im Hintergrund geplant worden sein, gerade ihn zu erschaffen und ihn Felicia und mir zu schenken. Deshalb, lieber Charlie, Du kannst von *nun an, so oft Du willst, über Engel sprechen. Von diesem Tag an glaube auch ich an sie ganz fest.«*

Das ist eine Seite aus einem fünfseitigen Brief. Ein überglücklicher junger Vater berichtet überschwenglich seinem ehemaligen Pastor, was geschehen ist.

Was haben Säuglinge, Kinder und Engel miteinander zu tun? Nehmen wir wieder die Bibel zur Hand. Wir wollen ein interessantes Schriftstudium betreiben: Schlagen Sie doch einmal all die Abschnitte im Alten und Neuen Testament nach, in denen Engel mit den Kleinsten und Jüngsten etwas zu tun haben. Und als interessanten Einstieg sollten wir uns einmal fragen, wie oft in der Bibel ein Engel einem zukünftigen Elternpaar mitteilt, wie das Kind heißen soll.

Philip und der rote Flitzer

*P*hilip war drei und immer »auf Achse«. Dabei war er ausgesprochen verläßlich: Jeden Tag war er mindestens einmal unauffindbar für seine Eltern. Wir wohnten damals in einem kleinen Dorf in Nebraska, ein paar Schritte vom »Zentrum« entfernt. Dazwischen lag noch ein Trödelmarkt und das Feuerwehrhaus. Wenn wir nach ihm schauten, waren das immer die beiden ersten Adressen, die wir aufsuchten. Nirgends hielt sich Philip lieber auf. Und diese Zuneigung wurde auch erwidert – besonders vom Dalmatiner im Feuerwehrhaus.

Auch auf dem Trödelmarkt war Philip gern gesehen. Sowohl Kunden als auch die Verkäufer dort taten alles, um ihrem kleinen Liebling eine Freude zu bereiten. Sie zogen ihm Bubblegums aus dem Automaten oder kauften ihm kalte Getränke, wenn es heiß war. Wenn er allerdings allzu aufdringlich wurde, rief die Bürokraft bei uns an.

So kam jeder zu seinem Recht – vor allem aber Philip. Eines Tages wollten wir zu Abend essen, doch Philip war nicht da. Nachdem wir dort vergeblich nachgefragt hatten, wo er sich gewöhnlich aufhielt, machten wir uns auf die Suche. Wir waren darauf gefaßt, wieder stundenlang umherzuirren. Manchmal spielte er auf der Veranda eines Nachbarn. Also begannen wir, die Vorgärten abzusuchen.

Doch Philip spielte diesmal nicht in irgendeinem Vorgarten. Er stand mitten auf der Landstraße, die durch unser Dorf führte. Er untersuchte einen Gegenstand, der ihn zu faszinieren schien. War es ein Stein, eine Ameisenstraße oder eine weggeworfene Zigarre? Wie anders war die Welt, in der er lebte! Alles verdiente seine Aufmerksamkeit, nur nicht die roten Flitzer, die kleine Jungen überfahren. Sie nahm er gar nicht wahr.

Auch wenn ein Dorf noch so klein ist, so wird es wohl immer mindestens einen Heißsporn am Steuer eines roten Flitzers geben. Unser Draufgänger war eigentlich ein netter Kerl. Ich kannte ihn gut. Er kam regelmäßig zur Teengruppe in unsere Gemeinde, und er war dort sehr beliebt. Er hatte schon so manchen Strafzettel bekommen, ein Vermögen für Bußgelder bezahlt und zweimal seinen Führerschein abgeben müssen.

Und gerade in diesem Augenblick kam er mit hoher Geschwindigkeit herangebraust – direkt auf unseren kleinen Jungen zu. Wir beide schrien laut auf. Aber das rührte unseren Philip überhaupt nicht. Er forschte einfach weiter. Doch auch die Geschwindigkeit, mit der das Unglück nahte, ließ sich so nicht beeinflussen. Wir beteten natürlich. »O Gott, nein!« ist doch ein Gebet, oder?

Plötzlich – zwei oder drei Autolängen von Philip entfernt – kam der rote Flitzer mit kreischenden Bremsen zum Stehen. Ich stürzte zu meinem Sohn hinüber, der mir lieb und wert war wie nie zuvor. Ich schloß ihn in meine Arme und brach in Tränen aus. Als ich mich wieder gefaßt hatte, wieder denken und überlegt handeln konnte, ging ich hinüber zu dem roten Auto. Inzwischen hatten sich einige junge Leute darum versammelt. Man lachte und scherzte, wie Teenager nun einmal so sind.

Der Fahrer hatte das Fenster geöffnet, und ich sprach ihn an: »Schön, daß du noch rechtzeitig anhalten konntest, Kenny. Ich hatte wirklich Sorge, du würdest ihn noch erwischen. Danke, Kenny, Danke!«

»Was meinen Sie denn? Wovon sprechen Sie?«

»Hast du denn Philip nicht gesehen, der mitten auf der Straße vor dir spielte? Hast du uns denn nicht schreien gehört?«

»Nö. Ich hab' nichts gesehen und nichts gehört.«

»Aber warum hast du denn angehalten? Du hast doch ganz plötzlich gebremst.«

»Mein Freund da drüben hat gewinkt. Deshalb hab' ich angehalten.«

»Hat denn keiner von euch anderen meinen kleinen Jungen auf der Straße gesehen, direkt vor Kennys Kühlerhaube?«

»Nee, haben wir nicht. Nur Kenny. Deswegen sind wir ja auch 'rausgerannt, um ihn zu stoppen.«

Dann sagte einer – offenbar der einzige anständige Kerl in der Gruppe –: »Da hat Kenny aber Glück gehabt, daß er uns winken sah.«

War es Glück? Das Wörterbuch definiert Glück als »etwas, was Ergebnis des Zusammentreffens besonders günstiger Umstände für einen Menschen ist«. Hier aber hatte nicht nur einer »Glück«. Davongekommen war der kleine Kerl, der mitten auf dem Fahrdamm das Leben studierte. Davongekommen waren die Eltern, die wieder durchatmen konnten. Davongekommen war der Heißsporn des Dorfes, der im Grunde kein schlechter Kerl und schon gar nicht ein Killer war. Und davongekommen waren seine Freunde, denen es erspart geblieben war, ein Leben lang eine schlimme Erinnerung mit sich herumzutragen. Danke, Herr, daß dies durch dein Eingreifen »ein Zusammentreffen besonders günstiger Umstände war«.

Definieren Sie es, wie Sie wollen. Benennen Sie es nach Gutdünken – Glück, Zufall, Fügung oder Ironie des Schicksals. Ich jedenfalls sage noch heute, wenn ich an dieses Ereignis zurückdenke: »Danke, Herr, daß wir damals ein weiteres Mal den sanften Flügelschlag eines Engels spüren durften. Danke, daß Engel den Arm eines Freundes gebrauchen können, um ein Auto zum Stillstand zu bringen. Danke auch, daß ein jugendlicher Heißsporn den Wink des Engels mitbekommen hat und auf die Bremse trat.«

Denn groß bist du und tust Wunder.
Psalm 86:10

Ronnie und seine betende Gemeinde

Und diese Worte, die ich dir heute gebiete, sollen in deinem Herzen sein. Und du sollst sie deinen Kindern einschärfen, und du sollst davon reden, wenn du in deinem Hause sitzt und wenn du auf dem Weg gehst, wenn du dich hinlegst und wenn du aufstehst. Und ... du sollst sie auf die Pfosten deines Hauses und an deine Tore schreiben. 5. Mose 6:6-9

»Vesper« nannten wir den Gottesdienst für die Jüngsten unserer Gemeinde, vom Säugling bis zum Studenten. Wir trafen uns jeden Sonntagnachmittag um 5 Uhr. Viele brachten ihre Freunde mit, so daß es immer eine fröhliche Gemeinschaft war. Es wurden die von den Kindern bevorzugten Lieder gesungen, der Kinderchor trat auf, und oft haben wir getauft. Wir sammelten Gebetsanliegen und brachten sie anschließend vor den Herrn. Statt der Predigt gab es eine biblische Geschichte. Schließlich durften die Kinder ihre Fragen loswerden. Im Gemeindeblatt war extra vermerkt: »Eltern dürfen gern zur Vesper kommen, wenn sie sich in der Gesprächsrunde zurückhalten können.«

Ronnie war immer da mit Vater, Mutter und zwei Schwestern. Fünf Jahre alt war er, und er hatte schon einen Kindergartenplatz. Dort freute man sich auf ihn, weil Ronnie ein stets gut aufgelegtes Kind war, das ausgelassen spielen konnte und jedem ein guter Freund war.

Eines Tages war Ronnie nicht zur Vesper erschienen. Nur seine zwei Schwestern nahmen teil. Auch Walt und Helen, seine Eltern, waren nicht gekommen. Sie befanden sich mit Ronnie im Krankenhaus, weil er plötzlich Symptome einer ernsten Erkrankung gezeigt hatte. Doch die Ärzte waren ratlos. Wir hatten gute Ärzte am Ort, deren Stärke es war, ihre Grenzen zu erkennen. Diesmal waren sie einhellig der Meinung, daß sie nichts tun konnten. Das bedeutete allerdings, daß schnellstens ein Transport in die nächste größere Stadt organisiert werden mußte. Fast alle Einwohner unseres Ortes arbeiteten in derselben Firma. Und diese Firma besaß ein eigenes Flugzeug. Es stand immer bereit, falls es, wie im Big Business üblich, plötzlich für die Geschäftsleitung gebraucht wurde. Aber man zeigte sich auch großzügig. War jemand schwer erkrankt – ob Betriebsangehöriger oder nicht –, so stieg das Flugzeug auf, um einen unserer Mitbürger ins Krankenhaus zu fliegen.

Noch an jenem Sonntagmorgen hatte ich mit Ronnies Mutter gesprochen. Man wisse noch nicht viel, erzählte sie. Man habe zwar alle möglichen Untersuchungen durchgeführt, sei aber noch zu keiner Diagnose gekommen. Wir beteten zusammen am Telefon, und ich versicherte ihr, daß wir in jedem Gottesdienst, einschließlich der Vesper, für sie beten würden. Und das haben wir dann auch gemacht.

Ronnie und seine Familie hatten viele Freunde, und alle waren sehr besorgt. Ich begann diesen besonderen Vespergottesdienst, indem ich erzählte, was ich wußte. Und dann verharrten wir eine ganze Weile im stillen Gebet. Helen hatte versprochen, sofort anzurufen, sobald sich etwas Neues ergeben würde.

Und tatsächlich: Abends um halb neun klingelte das Telefon bei uns zu Hause. Es war Ronnies Mutter. An ihrer Stimme erkannte ich sofort, wie überglücklich sie war.

»Du wirst es nicht glauben, Charlie, aber heute am späten Nachmittag saß Ronnie plötzlich aufrecht im Bett und wollte etwas essen. Er sei hungrig und wolle nach Hause. Die Schwester hat dann den Arzt gerufen. Der schaute sich Ronnie an und fragte, was denn plötzlich mit dem Jungen los sei. Er prüfte Blutdruck, Puls und Körpertemperatur. Nichts war mehr auffällig. Er konnte sich das nur so erklären, daß die Antibiotika ungewöhnlich schnell gewirkt haben mußten.«

Dann erzählte Helen, was sie dem Arzt gesagt hatte: »Bei uns in der Gemeinde haben die Leute den ganzen Tag für Ronnie gebetet – auch die Kinder vom Vespergottesdienst.«

Helen lachte. »Weißt du, was er dann gemacht hat? Er drehte sich um und schaute mich lange schweigend an. Schließlich sagte er: ›Dann sind die Gebete ja wohl durchgekommen. Richten Sie den Leuten aus, daß ich mich bei ihnen bedanke.‹«

Helen und ich unterhielten uns noch eine ganze Weile. Und dann fragte ich sie: »Kannst du dich noch erinnern, wie spät es war, als Ronnie sich aufsetzte und nach Hause gehen wollte?«

»Das weiß ich noch«, antwortete sie. »Wally und mir war eingefallen, daß ihr gerade bei der Vesper beten würdet. Und deshalb haben wir auch gebetet. Das muß so kurz nach fünf gewesen sein. Stimmt's?«

Auch hier stellt sich wieder die Frage: »Was haben die Engel mit Ronnies plötzlicher Genesung zu tun gehabt?« Vielleicht nichts. Aber man fragt sich ja doch, wie alles zusammengespielt haben mag: Wie viele Engel haben im Verborgenen dem Herrn gedient? Waren sie bei den Ärzten, denen klar wurde, daß hier Fachkenntnisse notwendig waren, die sie selber nicht besaßen? Die Fähigkeit, sich die eigenen Grenzen einzugestehen, ist selten geworden. Doch vielleicht sind ja gerade die Engel noch imstande, uns bescheidener zu machen. Waren Engel beteiligt, als die Geschäftsleitung eines Tages auf die Idee kam, das eigene Flugzeug bei medizinischen Notfällen zur Verfügung zu stellen? Engel können ohne weiteres in unsere profane Welt eindringen. Oder waren sie vielleicht sogar schon beteiligt, als gestandene Glaubensmänner und -frauen vor langer Zeit inspiriert wurden, einen Vespergottesdienst einzurichten? Wer hat ihnen dabei geholfen, die Idee von einem speziellen Gottesdienst für Kinder populär zu machen? So könnte man endlos fortfahren!

Herr, ich danke dir, daß ich durch so viele Menschen und an so vielen Orten den sanften Flügelschlag eines Engels spüren durfte.

Karen und die Zwillinge

*K*aren, unsere einzige Tochter, die damals dreizehn war, wollte mit ihren zwei besten Freundinnen und einem weiteren Mädchen einen Ausflug machen. Sie wollten nach Galveston. Und das war eine Strecke, die man gut an einem Nachmittag bewältigen konnte. Die Eltern ihrer beiden Freundinnen, die Zwillinge waren, besaßen einen jener Kleinbusse, deren Rückbank so eingebaut war, daß man mit dem Rücken zur Fahrtrichtung saß und nach hinten hinausschauen konnte. Alle rissen sich darum, dort sitzen zu können. Schauen Sie auch lieber in die Vergangenheit? Dann nehmen Sie dort Platz und schauen nach hinten.

»Laß uns Streichhölzer ziehen.« Karen und Janice gewinnen diesmal die Rückbank für sich, während die anderen beiden vorn Platz nehmen. Die Strandutensilien sind gepackt, überall quellen Chips-Tüten hervor, und alle sind abfahrbereit. Plötzlich sagt Karen ohne erkennbaren Grund: »Ich kann nicht mitkommen. Ich muß nach Hause und Mutti helfen.«

»Was ist los, Karen? Geht es dir nicht gut?«

»Ist dir jemand auf den Schlips getreten?«

»Wir werden viel Spaß haben! Komm doch mit!«

Aber Karen war nicht umzustimmen, und sie gab auch keine Erklärung für ihr Verhalten. Sie war nicht krank, nicht beleidigt, und trotzdem machte sie sich auch zum Erstaunen ihrer Mutter auf den Heimweg.

»Aber Karen, du hast doch alle deine Aufgaben im Haus erledigt. Ich brauche heute nachmittag keine Hilfe mehr.

Bedrückt dich was? Fühlst du dich nicht wohl? Hast du dich mit deinen Freundinnen gestritten?«

»Nein, Mutti. Ich kann einfach nicht mitfahren. Und nun frag bitte nicht mehr.«

Den ganzen Nachmittag saß Karen in ihrem Zimmer und hörte ihre Platten. Und während dieser Zeit rätselten ihre Eltern, was vorgefallen sein könnte. Sollten wir den Arzt rufen? Aber welchen?

Der Kleinbus war inzwischen auf dem Weg nach Galvestone. Da Karen nicht dabei war, hatten sich alle drei Mädchen vorn hingesetzt. Während sie im Stau nur im Schrittempo vorwärts kamen, unterhielten sie sich über das merkwürdige Verhalten ihrer Freundin.

Und dann geschah es. Plötzlich gab es eine Kettenreaktion auf der Autobahn von Galvestone. Ein Auto fuhr ins andere. Menschen schrien, wurden verletzt. Und wo war der Kleinbus? Sie raten es sicher schon: Er war mitten in dem Blechknäuel.

Der Kommentar der Verkehrspolizei: »Gut, daß niemand auf der Rückbank gesessen hat. Sonst hätte es sicher Tote gegeben.«

Ein alter Schäfer aus dem Heiligen Land gibt dem bekannten Vers aus der Bibel einen neuen Sinn. »Er erquicket meine Seele«, heißt es da. Seiner Meinung nach müßte es aber heißen: »Er hält meine Seele zurück.« Es gibt verschiedene Gründe dafür, daß der Stab des Schäfers an einem Ende gebogen ist. Einer davon ist, daß er damit Schafe zurückhalten kann, die sich in Gefahr begeben und giftiges Wasser saufen wollen oder einen Abhang hinabzustürzen drohen. Selbst ein Lamm ist es wert, für die Herde gerettet zu werden, zurückgehalten vom gekrümmten Stab des Schäfers.

Und so lautete unser Gebet an jenem Abend:

Wir danken dir, du guter Hirte, daß du heute nachmittag unser fast erwachsenes Lämmchen zurückgehalten hast.

Sidney und der Stier

Sidney und ich waren die besten Freunde. Wir lebten damals auf dem Land, und unsere Familien waren Nachbarn. Fast jeden Tag machten wir uns beide gemeinsam auf den Schulweg. Zwei richtige Kumpel waren wir. Jeden Nachmittag, wenn der Unterricht zu Ende war, stromerten wir noch herum, warfen mit Steinen nach irgendwelchen Gegenständen und hatten einfach Spaß. Eines Tages war Sidney allein nach Hause gegangen, und dabei hatte er ein Erlebnis, das er nie wieder vergessen haben wird. Der große braune Stier auf einer der Weiden lief plötzlich Amok. Das tun diese Tiere zuweilen, wenn sie der Meinung sind, kleine Schuljungen seien nun genug auf ihrer Weide herumgetrampelt.

Plötzlich begann der Stier Sidney zu verfolgen, und Sidney rannte um sein Leben. Etwas Besseres kann man auch gar nicht tun, wenn ein wild gewordener Stier hinter einem her ist. Aber der Weg zum Zaun war noch weit, und der Stier rannte sicher schneller als Sidney. Obwohl Sidney alle seine Bücher fallen gelassen hatte, drohte der Stier ihn kurz vor dem Gatter einzuholen. Plötzlich wurde Sidney sich der schrecklichen Wahrheit bewußt, daß er ausgerechnet auf das höchste Gatter von allen zusteuerte. Wenn er es umständlich erklimmen würde, konnte er sicher sein, aufgespießt zu werden. Er versuchte es mit einem Sprung darüber. Und tatsächlich landete er auf der anderen Seite des Gatters.

Es ist an sich nichts Außergewöhnliches, wenn Jungen von wütenden Rindern gejagt werden. Solange sich Rinder und Lausbuben über den Weg laufen, wird das immer wieder passieren. Aber eines Tages gingen mein Freund Sidney und ich aus reiner Neugier noch einmal zu jenem Gatter. Und wir versuchten, es noch einmal zu überspringen. Doch so sehr wir uns auch anstrengten, wir schafften es einfach nicht.

So mancher kluge Physiologe wird dazu folgendes sagen: »Wir alle können Reserven mobilisieren, auf die wir bisher niemals zurückgegriffen haben.« Es wird auch behauptet, wir alle würden nur 50% unserer Kraft, unseres Verstandes, unserer Möglichkeiten im Normalfall nutzen. So manch einer meint sogar, es seien nur 10%.

Vielleicht haben sie ja alle recht. Aber war es Zufall, wie Sidney für diesen Augenblick der Lebensgefahr vorbereitet wurde? Auf der Aschenbahn fühlte er sich zu Hause. War es Zufall, daß er sich gerade im Hürdenlauf besonders hervortat und eine Siegerurkunde nach der anderen errang? Er lief und lief und nahm eine Hürde nach der anderen – schnell und gewandt.

Herr, hilf uns, daß wir die Herausforderungen des Lebens gelassen angehen, weil wir wissen: du hast uns mit schlummernden Energien und unerwarteten Kräften ausgerüstet. Wir danken dir auch, daß deine Engel uns mit Energien zur Seite stehen, wenn wir Ölkesseln entkommen müssen, wenn verklemmte Autotüren geöffnet werden müssen und wenn hohe Zäune zu überspringen sind.

Engel – Jessicas gute Freunde

Mit zwölf sind die meisten Mädchen entweder groß und hager oder klein und pummelig. Aber es gibt auch Zwölfjährige wie Jessica Ann. Sie war ein ausgesprochen hübsches Mädchen mit rotem Haar und einem gewinnenden Lächeln.

Nach einer Abendveranstaltung zum Thema »Engel« war ich mit den Zuhörern ins Gespräch gekommen. Ich sollte etwas zu dem Thema sagen, und das Interesse war ziemlich groß. Verschiedene Teilnehmer hatten ein Zeugnis gegeben und von ihren außergewöhnlichen Erlebnissen erzählt. Wir hörten faszinierende Geschichten, und es wurden viele Fragen gestellt.

Als wir zum Ende kommen wollten, bat noch ein vornehm gekleideter Herr ums Wort. Aber statt von seinem Platz aus zu sprechen, kam er nach vorn.

»Ich habe mir alles angehört, was heute abend hier vorgetragen wurde«, begann er. »Jetzt aber fühle ich mich genötigt, auch noch ein Wort dazu zu sagen. Sie werden es nicht gern hören, denn Tatsache ist, daß Sie alle hier einem Selbstbetrug erlegen sind. Die Phantasie geht mit Ihnen durch. Der eine oder andere von Ihnen scheint sogar unter Halluzinationen zu leiden. Das gilt besonders für Sie, Dr. Shedd.

Ich bin Arzt und heute abend extra aus einer anderen Stadt hergekommen, weil ich gehofft hatte, wirklich tiefschürfende Erkenntnisse zum Thema »Engel« zu gewinnen. Aber auch das hier war wieder einmal nichts weiter als heiße Luft. So geht es doch immer aus. Mein ganzes Leben lang habe ich mir angehört, welche übersinnlichen

Wahrnehmungen andere Menschen hatten. Jeder Arzt, der mit schwerkranken Patienten zu tun hat, wird solche Berichte immer wieder hören. Dabei habe ich eigentlich nie die Hoffnung aufgegeben, daß auch ich eines Tages sagen kann: Ja, das leuchtet mir ein. Aber es ist nie geschehen. Und auch heute wieder bin ich um eine enttäuschende Erfahrung reicher geworden.

Wenn Sie glauben, ich sei ein gottloser Mensch, dann irren Sie sich. Ich gehe regelmäßig zur Kirche, und ich arbeite aktiv in der Gemeindeverwaltung mit. Ich gebe den Zehnten, ich bete und lese die Bibel. Die Engelsgeschichten aus der Schrift habe ich genau studiert. Und dabei bin ich zu dem Schluß gekommen, daß es den biblischen Autoren offensichtlich nur darum ging, zu berichten, was früher, in biblischer Zeit, geschehen ist. Meinen Sie nicht auch, daß gerade ich als Arzt – wenn es denn Engel gäbe – mindestens von einem Ereignis berichten könnte, das eindeutig den himmlischen Heerscharen zuzuschreiben wäre?

Wenn Sie hier im Saal recht haben, dann muß ich wohl verkehrt liegen. Ich habe nicht an Engel geglaubt, als ich hierherkam. Und ich glaube auch jetzt noch nicht an sie. Gute Nacht!«

Er verließ uns vorn und steuerte auf den Ausgang zu. Doch kurz bevor er die Tür erreichte, stand jenes reizende junge Mädchen mit den roten Haaren auf und sagte: »Doktor, warten Sie doch noch einen Augenblick. Ich habe Ihnen zugehört. Bleiben Sie noch kurz hier, und hören Sie, was ich Ihnen sagen möchte.«

Er blieb und hörte sich folgendes an: »Mein Name ist Jessica Ann, und ich bin zwölf Jahre alt. Noch in diesem Monat bin ich mit der sechsten Klasse fertig. Ich kann es kaum erwarten, im nächsten Schuljahr zur Oberschule zu gehen. Ich lebe allein mit meiner Mutter, weil mein Vater uns vor drei Jahren verlassen hat.

Meine Mutter und ich wissen aber eins ganz genau: Wir hätten es nie geschafft, allein zurechtzukommen, wenn uns Engel nicht so oft geholfen hätten. Können Sie sich vorstellen, was es bedeutet, wenn die Mutter keine Arbeit hat und man nicht weiß, wie es überhaupt weitergehen soll?

Inzwischen hat sie eine gute Arbeit, und wenn ich die Zeit hätte, würde ich Ihnen erzählen, wie Engel ihr zu diesem Arbeitsplatz verholfen haben. Als ich einen Unfall hatte und alle glaubten, ich würde auf Dauer entstellt bleiben, da hat ein Engel dies verhindert. Dessen sind wir uns ganz sicher.

Ich würde Ihnen am liebsten noch viel mehr über Engel erzählen – was sie alles für uns vollbringen. Sie raten uns, was wir tun sollen und wohin wir gehen sollen. Sie sagen uns, was gut für uns ist und was uns schadet. Ich hoffe, daß Sie eines Tages anders darüber denken werden und erfahren, was meine Mutter und ich erfahren haben. Aber eins weiß ich gewiß: Je inniger Ihr Verhältnis zu den Engeln ist, desto mehr Zuwendung werden Sie von ihnen erfahren. Vielleicht ist das Ihr Problem. Wenn es wirklich Ihr Anliegen wäre, ein guter Freund der Engel zu werden, vielleicht würden sie sich dann auch Ihnen gegenüber als gute Freunde erweisen.«

Das war es, was das Mädchen jenem Arzt mit auf den Weg gab. Und damit endet auch mein Bericht. Leider kann ich nicht mehr erzählen. Hätte ich mir doch den Namen und die Adresse dieses Mannes und auch jenes Mädchens geben lassen. Ich weiß nicht, wie beeindruckt der Arzt fortgegangen ist. Wir aber im Saal waren nicht nur beeindruckt, wir waren tief bewegt. Wie konnte dieses hübsche junge Mädchen von nicht einmal dreizehn Jahren so reif sein und so selbstsicher auftreten?

Wenn auch Sie an Engel glauben, dann werden Sie wie ich der Meinung sein: Engel können für junge Mädchen und ihre Mütter die unglaublichsten Dinge vollbringen, für Mädchen, die plötzlich wissen, daß sie lieber nicht am Ausflug teilnehmen sollen, und für kleine Jungen, die vor einem Stier davonlaufen oder im Krankenhaus auf Genesung warten.

Das war ein guter Gedanke, Jessica: Wenn ich ein innigeres Verhältnis zu den Engel suche und ihnen ein Freund sein will, werden sie dann auch meine besten Freunde?

SIEBEN

Engel in glücklichen Ehen

In all den Jahren, in denen ich als Pastor tätig war, bin ich zu der Überzeugung gekommen, daß es eine große Gruppe von Engeln gibt, deren einzige Aufgabe darin besteht, Paare zusammenzubringen.

»Wir wußten es in dem Augenblick, da wir uns zum ersten Mal sahen.«

»Ich habe ihn zuerst gar nicht recht gemocht. Doch etwas hat nach und nach einen Sinneswandel bei mir bewirkt. Inzwischen haben sich meine Gefühle ins Gegenteil verkehrt.«

»Ich habe mich schon in ihre Stimme verliebt, als ich sie noch gar nicht zu Gesicht bekommen hatte.«

Solche Aussagen hört man immer wieder.

Zu der Gruppe von Engeln, die mit dieser Aufgabe betraut sind, gehören sicher die Spaßvögel, die Gutgelauntesten und die Kreativsten unter den himmlischen Wesen. Ich danke euch, ihr Engel, daß ihr auch die Pastoren dazu benutzt, hier und da Liebesbande zu knüpfen.

Vom Footballfan zum Fan von Martha

*E*s gab vieles, was unser kleines Dorf liebenswert machte. Von ganz besonderer Bedeutung war aber für uns Schüler der neunten Klasse, daß wir unter vier weiterführenden Oberschulen wählen konnten. Unser Dorf gehörte zu keinem Schulbezirk. Für welche Schule sollte man sich entscheiden? East Waterloo, West Waterloo, Cedar Falls oder Teacher's College High? Die Footballmannschaft von West Waterloo war eine der spielstärksten. Oft waren sie die Besten in Iowa. Eine Spielerauswahl kam sogar in die Nationalliga. Und so manch ein erfolgreicher Teilnehmer bekam ein Stipendium für die zehn großen Eliteuniversitäten. Ein paar Absolventen der West Waterloo High-School waren sogar Profis geworden.

Für mich stand die Entscheidung fest. Ich wollte natürlich auf die West Waterloo gehen. Harvard, Nationalliga, Footballprofi – das war etwas für Charlie.

Doch ausgerechnet im Juni jenes Sommers wurde unser kleines Dorf der Stadt Cedar Falls einverleibt, und damit war meine Entscheidungsfreiheit dahin. Ich mußte mich bei der nächstgelegenen Schule anmelden, und das war die High-School von Cedar Falls. Niemand konnte sich erinnern, ob sie je ein Football-Turnier gewonnen hatte.

Was tun wir, wenn all unsere Hoffnungen mit einem Schlag zunichte gemacht werden? Für mich war dies jedenfalls der schlimmste Tiefschlag aller Tiefschläge in diesem Sommer.

Ich ging also zur Cedar Falls High – widerwillig und zutiefst gekränkt.

Mich beschäftigte damals die eine große Frage: »Wie konnte Gott mir das antun? Mir, der ich alle Hoffnungen auf Harvard, Nationalliga und Profifootball gesetzt hatte? Wie konnte er nur?«

Die Footballsaison hatte begonnen, und wir bereiteten uns auf die ersten Spiele vor. Noch bevor die Schule überhaupt angefangen hatte, waren wir vom Trainer aus unserem Formtief geholt worden. Ich war neugierig, ob ich gleich aufgestellt werden würde, denn Neulinge mußten oft erst einmal auf der Ersatzbank Platz nehmen. Doch ich rechnete mir gute Chancen aus. Kräftige Kerle werden auf dem Spielfeld immer gebraucht. Und ich war solch ein strammer Kerl.

Ausgerechnet in dieser Zeit, da sich alles nur noch um Football zu drehen schien, vernahm ich eine Stimme – so schön wie ein lieblicher Gesang. Die junge Dame dazu trug Gelb – gelber Pullover, gelber Rock. Und sie hatte eine Ausstrahlung, wie ich sie bei noch keinem anderen Mädchen wahrgenommen hatte.

Wir hatten verschiedene Unterrichtsveranstaltungen gemeinsam belegt. Und dabei hatte ich Gelegenheit, sie zu beobachten. Mir fiel eine interessante Angewohnheit auf: Jedesmal vor dem Ordnungsruf der Schulklingel ging sie zum Lehrerpult, um dort an einem Tischgerät ihren Bleistift anzuspitzen. Das gefiel mir. Sie wollte offensichtlich immer gut vorbereitet sein.

Da mir jede Erfahrung fehlte, wie man sich einem Mädchen erfolgreich nähert, dachte ich angestrengt über einen entsprechenden Versuch nach. Für einen Amateur war meine Idee dann wohl gar nicht so schlecht: Zu Hause suchte ich alle stumpfen Bleistifte, die ich finden konnte. Und jedesmal, wenn sie vorn spitzte, war auch ich zur Stelle. Bei unseren ersten Spitzaktionen suchten wir stammelnd nach gemeinsamen Interessen. Schließlich fanden wir ein Thema. Sie lief gern Schlittschuh, und ich auch. Die meisten jungen Leute in Iowa waren sehr geschickte Eisläufer, weil sie bei jeder sich bietenden Gelegenheit mit Schlittschuhen unterwegs waren. Dafür gab es verschiedene Gründe. Ein Motiv aber war, daß Jungen und Mädchen etwas gemeinsam ganz zwanglos unternehmen konnten.

Der Washington-Teich war ein ziemlich großes Gewässer mit spiegelglatter Eisfläche. An seinen Ufern standen wunderschöne alte Bäume mit Zweigen, die bis hinunter zum Wasser reichten. Um uns aufzuwärmen, unterhielten wir kleine Feuer am Ufer. Wer sich aber lieber bei einem Tête-à-Tête aufwärmen wollte, der zog sich in eine der vielen kleinen Buchten zurück.

Als der Sommer kam, war ich vorbereitet. Im Werkunterricht hatte ich gelernt, was ich jetzt brauchte. Unser Thema war: »Wie baue ich mir ein Ruderboot?« Ich baute eins – solide, leicht zu rudern und gelb angestrichen. Gelb war ihre Lieblingsfarbe, ich war ihr Lieblingsbegleiter, und wir hatten unseren Lieblingsfluß gefunden. Und so ruderten wir hinaus in meinem Boot, um eine verschwiegene kleine Bucht zu suchen. Das war idyllisch und romantisch. Selbst die Vögel sangen in jenem Sommer unsere Lieblingslieder. Aber nicht nur das machte unser Glück aus. Viele Male in diesen sechs oder sieben Jahren, in denen wir umeinander warben, spürten wir den sanften Flügelschlag eines Engels. Und wir wußten ganz genau, daß Gott jemand direkt vom Himmel gesandt hatte, um uns zu unterweisen, zu begleiten, zu beschützen und um zwei Herzen nach seinem Willen zu verschmelzen.

Football? Doch, von diesem Spiel hatte ich schon gehört.
Und irgendwann war mir auch zu Ohren gekommen, daß
manche sich tatsächlich abmühen, um in die Nationalliga
zu kommen. Merkwürdige Vorstellung. Nichts für mich
jedenfalls!

Von Stund an war Martha mein ein und alles,
und ich war ihr ein und alles.
Wir gehörten einander – hundertprozentig.

In der Glaskathedrale

*W*ir befanden uns in Dr. Schullers Büro, in der obersten Etage seiner Glaskathedrale. Sie ist ein ganz besonderes Haus des Herrn – Stein und viel Glas, das in der kalifornischen Sonne funkelt. Ich telefonierte gerade mit meinem alten Freund Lawrence Johnson. Alter Freund? Das hängt davon ab, was man unter »alt« versteht. Achtzig ist kein Alter, wenn man sich so fühlt wie Lawrence Johnson. Wir haben viele Jahre zusammen gearbeitet, und daraus hat sich eine tiefe Freundschaft entwickelt.

Das war allerdings nicht unser Thema bei jenem Telefonat. Wir sprachen über eine Frau namens Helen, die wir für Lawrence gefunden hatten.

Bevor Sie nun aber auf die Idee kommen, wir hätten damals ein Eheanbahnungsinstitut betrieben, will ich Ihnen lieber schnell die Vorgeschichte erzählen.

Houston war in den frühen sechziger Jahren eine pulsierende Stadt. Sie war Zentrum der Ölindustrie, der Schiffahrt und der Raumfahrt. Täglich wuchs die Stadt um mehrere hundert Einwohner. Und an einer strategisch günstigen Stelle dieser wachstumsorientierten Metropole sollte ein neues Zentrum für unsere Gemeinde gebaut werden. Wir brauchten dringend Hilfe. Innerhalb von fünf Jahren waren wir auf 2000 Mitglieder angewachsen. Wir expandierten einfach zu schnell – zu schnell jedenfalls für einen einzigen Pastor. Deshalb bat ich Lawrence, zu uns zu kommen und uns zu unterstützen. Das, was er beisteuern konnte, war genau die Hilfe, die wir brauchten. Es mußte jemand da sein, der die Mitglieder besuchte, die neu Hinzugekommenen betreute und sich um Kranke kümmerte. Sie alle sollten das Gefühl bekommen, daß sich jemand um sie sorgt und ihnen mit Wärme begegnet.

Als ich die große Gemeinde verließ, um in einer kleineren mehr Zeit zum Bücherschreiben zu finden, blieb Lawrence vor Ort. Doch das war längst nicht seine Hauptaufgabe damals. Er arbeitete hauptberuflich als Krankenhausseelsorger in dem riesigen Houston Medical Center.

Lawrence und seine Frau Elisabeth sollten bald ihre Goldene Hochzeit feiern. Aber Elisabeth fühlte sich schon längere Zeit nicht wohl. Sie hatte große Schmerzen, und eines Tages vertraute sie mir an:»Charlie, bis zur Goldenen Hochzeit werde ich es wohl noch schaffen. Aber dann gehe ich.« Und so kam es auch. Lawrence wurde ein einsamer Witwer.

Nachdem er vier Jahre allein gelebt hatte, rief Lawrence bei mir an, um mir seine überraschende Entscheidung mitzuteilen.»Charlie«, begann er, »ich bin sehr einsam, und ich möchte wieder heiraten. Ich habe auch schon einen Plan. Weil du mein allerbester Freund bist, möchte ich, daß du etwas dazu sagst.«

Sein Plan war wirklich ein bißchen ungewöhnlich. Er wollte einige seiner früheren Gemeinden besuchen, um dort Kontakt zu all den Witwen aufzunehmen, die mit ihren verstorbenen Ehemännern einmal zu seinem Freundeskreis gezählt hatten.

»Was hältst du davon?« fragte er mich. Ich antwortete, wie wohl jeder gute Freund geantwortet hätte: »Nur zu!« Und er machte sich auf den Weg.

Aber er kehrte unverrichteter Dinge heim ohne eine Lebensgefährtin und noch immer einsam.

Gerade in jenem Sommer waren Martha und ich in Bob Schullers Gemeinde. Ich vertrat ihn in seiner Glaskathedrale, während er im Urlaub war. Noch bevor wir uns auf den Weg dorthin machten, rief mich Lawrence an, um mir einen weiteren ungewöhnlichen Vorschlag zu machen.

»Charlie, lieber Freund«, begann er wie immer, »soweit ich weiß, predigst du dort in der Glaskathedrale zu 8000 Menschen. Sollte unter diesen vielen Gottesdienstbesuchern nicht eine nette ältere Dame sein, die zu mir paßt? Wenn du dich dort eingelebt hast, kannst du dich dann nicht ein bißchen umschauen und vielleicht ein paar Erkundigungen einziehen?«

Konnte ein wahrer Freund ihm diese Bitte abschlagen? Wir wurden also aktiv. Gleich nachdem wir in Kalifornien angekommen waren, begaben sich Martha und ich in Dr. Schullers Büro. Seine Sekretärin hatte uns geschrieben, daß sie uns nach Kräften unterstützen wolle. Das war ein sehr nettes Angebot von einer netten Dame. Wir entschlossen uns, unsere ganz spezielle Mission mit ihr zu besprechen und ihr von Lawrence zu erzählen. Sie sollte wissen, was wir suchten.

Im Himmel muß es einmal einen besonders angenehmen Ort für die fleißigen Sekretärinnen der Pastoren geben. Sie hören alles, sie sehen alles, und sie kümmern sich um alles. Und wenn sie etwas nicht zustande bringen, dann haben sie zumindest einen guten Rat. Sie freuen sich über Herausforderungen. Und so nahm sich auch Barbara dieser Aufgabe an.

Noch im Hinausgehen sagten wir: »Vielleicht fällt Ihnen ja etwas ein. Wir kommen später wieder vorbei, wenn Sie vielleicht schon Namen nennen können.«

»Ich werde mich bemühen«, versprach sie. Und ganz plötzlich kam ihr noch eine Idee: »Warten Sie einen Moment. Ich kenne die Dame, die Sie suchen. Es ist meine Schwiegermutter! Das würde perfekt passen. Ja, warmherzig ist sie, sehr liebenswürdig und immer gut aufgelegt, und sie ist erst siebzig. Sie heißt Helen und ist auch schrecklich einsam. Genau! Sie würde zu Ihrem Predigerfreund sehr gut passen.«

Martha lächelte: »Ich werde sie morgen zum Essen einladen und mir selber ein Bild machen.«

Als beide am nächsten Tag vom Essen zurückkamen, wartete ich schon in der Kathedrale auf sie. Im Vorbeigehen flüsterte mir Martha zu: »Die Sekretärin hat eine 1+ verdient!«

Das war also die Vorgeschichte. Und nun stand ich in Dr. Schullers Büro und telefonierte mit Lawrence, um ihm die gute Nachricht zu übermitteln. »Komm hier vorbei, wenn du auf dem Weg nach Alaska bist.« (Er hatte eine Reise dorthin gebucht.) Aber Lawrence, der lieber alles sorgfältig vorplante, als spontan zu handeln, zögerte noch. »Ich rufe dich zurück«, sagte er. Und das tat er dann auch: »Das kann ich nicht machen, Charlie. Ich habe mit meinem Reisebüro gesprochen. Es wäre sehr viel teurer, wenn ich in Kalifornien Zwischenstation machen würde.«

Darauf redete ich ihm ins Gewissen: »Lawrence, wie kann ein Mann von deinem Format sich so begriffsstutzig anstellen? Was sind denn in deinem Alter die paar Dollar mehr, wenn es vielleicht darum geht, die zukünftige Mrs. Johnson kennenzulernen!«

Am anderen Ende war es für einen Augenblick still. Dann hörte ich: »Du hast natürlich recht, Charlie. Ich komme.«

Er kam, Helen kam, und auch wir kamen. Wir trafen uns alle am Flughafen. Als Lawrence durch die Sperre kam, spürten wir es sofort. Schon nach wenigen Sekunden wußten wir, wußte er und wußte sie – wir hatten ins Schwarze getroffen!

Sie sind inzwischen 15 Jahre verheiratet. Lawrence ist 94 und hat sich vor kurzem aus dem aktiven Seelsorgedienst im Krankenhaus zurückgezogen. »Warum hast du das gemacht, Lawrence? Hättest du nicht noch die paar Jahre weiterarbeiten können, so daß du mit hundert ausgeschieden wärst?«

Seine Antwort ließ wieder einmal seine Herzensgüte erkennen: »Wenn man sich so liebhat wie Helen und ich, dann braucht man auch die Zeit, um sich zu lieben. Man muß etwas gemeinsam unternehmen können. Helen hat nie aufgegeben, mich daran zu erinnern, daß ich ihr noch eine Reise nach Alaska schuldig bin. Glaubst du wirklich, daß sie schon bei unserer ersten Begegnung damit gerechnet hat, daß ich sie mit nach Alaska nehme?«

»Ich glaube schon«, antwortete ich. »Jeder, der euch beide beobachtet hat, wäre auf die Idee gekommen.«

Wie gern würde man jetzt ein paar Fragen beantwortet bekommen: Waren Martha und ich in jenem Sommer tatsächlich nur in Kalifornien, damit ich für Dr. Schuller predige?

Warum sind wir geradewegs zu Dr. Schullers Sekretärin gegangen?

Wie viele Schwiegertöchter können schon so uneingeschränkt ihre Schwiegermütter empfehlen?

Warum hatte Lawrence ausgerechnet eine Reise nach Alaska gebucht, wodurch er so problemlos in Kalifornien Zwischenstation machen konnte?

Wenn wir öfter bereit wären, uns in Gottes Pläne einspannen zu lassen, würde es dann vielleicht noch viel öfter glückliche Gesichter vor dem Traualtar geben?

Man fragt sich wirklich, wie viele Engel wohl die heikle und komplizierte Aufgabe übernommen haben, zwei

Menschen für eine lebenslange Liebesbeziehung zusammenzubringen.

Paßt das Wort aus Sprüche 3:6 nicht haargenau zu unserem Text?

Auf all deinen Wegen erkenne nur ihn, dann ebnet er selbst deine Pfade!

Vorauswirkende Gnade

Gott liebt im voraus.
Und der Engel am Grab sagte:
»Und siehe, er geht vor euch hin.«
Das Geheimnis ist, daß ich mich bemühe, ihm zu
folgen,
statt ihn zu bedrängen, mir nachzufolgen.
»Nun komm doch, Herr, ich habe gerade heute
soviel zu tun.
Komm schnell, komm schnell!«
Doch Gott läßt sich nicht treiben.
Er bleibt bei seinem Tempo und handelt so,
wie er es aus Erfahrung für richtig hält.
Wann werde ich endlich aus tiefster Überzeugung
beten:
»Du gehst voran, Herr. Ich werde folgen.«

Die Jahre, die die Heuschrecke gefressen hat

*M*eine zweite Stelle als Pastor bekam ich in Nebraska. Wir hatten dort 700 Mitglieder, und das war eigentlich eine viel zu große Gemeinde für einen jungen Pastor, der gerade vor drei Jahren seine Ausbildung beendet hatte. Aber es waren sehr freundliche und fröhliche Menschen dort, die sich engagiert für die Gemeinde einsetzten. Und da die meisten von ihnen Farmer waren, besaßen sie Gefriertruhen, gefüllt mit Schweine- und Rinderhälften.

Ein weiser, alter Prediger aus der Gemeinde dort sagte einmal zu mir: »Mein Sohn, auch wenn du noch so klug wirst, mehr als die Bibel wirst du niemals wissen. Such dir also jede Woche einen Text aus, der dir etwas sagt, und gib dir Mühe, ihn zu verstehen. Wenn du das tust, wirst du den meisten Zuhörern etwas geben können, selbst wenn du das Gefühl hast, du wärst gar nicht so gut gewesen.«

Ich bin dir dankbar, du fürsorglicher Freund. Mit deinem guten Rat hast du ins Schwarze getroffen. Das Wort des Herrn wirkt noch da, wo ich selber meine, nichts ausrichten zu können. Ich denke da an das kleine Wunder im Barmores-Imbiß.

Es ist die Geschichte einer meiner Niederlagen. Jedenfalls war es aus meiner Sicht eine Niederlage. Aber Gott hatte einen größeren Plan. So ist das oft: Gottes Liebe ist bereits am Wirken, wenn wir es selbst noch gar nicht ahnen.

Als Predigttext für den Sonntag hatte ich Joel 2:25 ausgesucht: »Und ich werde euch die Jahre erstatten, die die Heuschrecke, der Abfresser und der Vertilger und der Nager gefressen haben.« Allzuviel gab dieser Text nicht her. Aber ich mochte die Stelle, und das war ja ein Kriterium, das mein alter Mentor mir als Gesichtspunkt für die Auswahl meiner Texte genannt hatte. Aber trotz meiner ernsthaften Bemühungen gelang es mir nicht recht, eine aussagekräftige Predigt daraus zu machen. Nach meinem Empfinden war es ein Schlag ins Wasser.

Ich bemerkte, daß auch Martha ihre Zweifel hatte. Als wir beim Festschmaus saßen, den sie mir jeden Sonntag bereitete, war die Stimmung auch etwas anders als sonst. Ihr ermunterndes »Du warst wieder großartig« klang diesmal auch etwas verhaltener. Schließlich redeten wir darüber, was jeder von uns empfand. Wir waren dann beide der Meinung, daß wir uns durch diesen mißglückten Versuch nicht entmutigen lassen wollten. Mit einem speziellen Gebet trugen wir die Erinnerung daran dann zu Grabe.

Aber dort blieb sie nicht. Den ganzen Nachmittag über war sie ständig gegenwärtig und grinste mich höhnisch an. Glücklicherweise hatte ich noch viel zu tun an jenem Sonntag, denn Arbeit ist die beste Medizin gegen unerfreuliche Erinnerungen. Es gibt aber auch noch ein anderes Heilmittel. Auf dem Nachhauseweg entschloß ich mich, mir noch einen sahnigen Milch-Shake vom Barmores-Imbiß zu genehmigen. Der würde mir gerade jetzt guttun. Ich nannte ihn immer den »sahnigen Seelentröster«.

Fred Barmore war einer unserer Ältesten. Ein guter Mann. Ein guter Freund. Er mußte wohl mitbekommen haben, daß ich mich ziemlich miserabel fühlte, denn er machte mir den Shake an jenem Sonntagabend genau so, wie ich ihn bei ihm gewohnt war, wenn er mir etwas Gutes tun wollte – besonders groß, besonders süß und außerordentlich sahnig. Ein Superseelentröster.

Ich hatte gerade die Hälfte dieser fleischlichen Sünde genossen, da fiel Fred etwas ein. Er sprang vom Tisch auf, wo wir saßen, und lief hinüber zur Kasse.

»Im Gottesdienst heute morgen war ein Ehepaar aus Ogalalla. Nette Leute. Sie haben hier Rast gemacht. Und als sie aufbrachen, gaben sie mir diesen Umschlag. Ich sollte ihn dir weitergeben, sobald ich dich sehen würde.«

Es war einer der wunderbarsten Briefe, die ich je bekommen hatte:

Lieber Pastor Shedd,
wir kommen aus Ogalalla und sind auf dem Weg nach Lincoln. Weil wir regelmäßig zur Kirche gehen, haben wir heute Ihren Gottesdienst besucht. Eigentlich wollten wir in Lincoln einen befreundeten Rechtsanwalt aufsuchen und uns von ihm beraten lassen. Wir wollten wissen, wie wir unsere Scheidung in die Wege leiten müssen, weil wir beide zu dem Schluß gekommen waren, daß es für unsere Ehe keine Zukunft gab.

Und nun sitzen wir hier in der Raststätte. Während wir auf das Essen warteten, geschah etwas, von dem Sie unbedingt erfahren sollten. Wir fingen an, über die einfachen, kleinen Regeln zu reden, von denen Sie behaupteten, sie würden sogar eine Ehe retten, in die schon vor Jahren die Heuschrecken eingefallen seien. Je länger wir redeten, desto klarer wurde uns, daß der Herr durch Sie zu uns gesprochen hatte. Und dann sind wir zu folgendem Schluß gekommen: Statt nach Lincoln zu fahren, machen wir uns auf den Heimweg, um wiederzubeleben, was einst eine große Liebe war. Wir danken Ihnen!

Warum sind die beiden gerade dann durch unsere Stadt gekommen, als überall die Kirchenglocken läuteten? War es der sanfte Flügelschlag eines Engels, der sie geradewegs zu uns geleitet hat? Wir haben einen Gott, der unermüdlich unsere Fehlentscheidungen zu korrigieren sucht. Dazu bedient er sich auch der Engel. Und das ist auch die großartige Verheißung unseres Predigtextes von jenem Sonntag:

Und ich werde euch die Jahre erstatten,
die die Heuschrecke, der Abfresser und der Vertilger
und der Nager gefressen haben.
Joel 2:25

Gehen Sie nicht weiter ohne Begleiter!

*I*n den thailändischen Bergen gibt es ein kleines Dorf, in dem sich alle Einwohner bei einer Erweckung zum christlichen Glauben bekehrt haben. Doch durch ihre Bekehrung wurden diese Menschen mit einem schier unlösbaren Problem konfrontiert. Das Bergland dort gehört zu den Hauptanbaugebieten für Opium. Und der Opiumanbau ist das wichtigste Standbein der thailändischen Volkswirtschaft.

Die Bekehrung bedeutete für diese Menschen also mehr als nur eine Umkehr des Herzens. Die einzige Quelle für ihren Lebensunterhalt war plötzlich versiegt. Sie entschlossen sich, ihre Plantagen für den Gemüseanbau zu nutzen. Das war an sich keine schlechte Idee. Doch für den Transport bergab standen ihnen nur Packpferde und Pferdekarren zur Verfügung.

Noch ein weiteres Problem kam hinzu: Gemüse und Obst waren ausgerechnet in der Zeit des Monsunregens reif zur Auslieferung. Den Menschen machte der Regen kaum etwas aus. Aber die Pferde hatten darunter zu leiden. Viele von ihnen waren an die Schwerstarbeit unter diesen Witterungsbedingungen nicht gewöhnt und starben auf dem Weg zu den Märkten.

Man wandte sich also an die sie betreuende Baptistengemeinde. Wenn es doch jemand gäbe, der ihnen ein männliches Maultier für die Zucht zur Verfügung stellen könne.

Maultiere sind aus verschiedenen Gründen wesentlich widerstandsfähiger als Pferde. Man bekommt sie aber nur, wenn man ein männliches Exemplar zu einer Pferdestute bringen kann.

Durch einen Freund bei der American Bible Society hörten wir von diesem Problem. Das war genau das richtige Projekt für uns. Nachdem wir eine Vielzahl bürokratischer Hürden genommen hatten, bekamen wir endlich die Genehmigung, unser Projekt durchzuführen: Wir konnten nun einige kräftige Maultierhengste aus Australien in das kleine Dorf in Thailand bringen.

Als ich ein paar Jahre später wieder einmal in Thailand war, hoffte ich, hoch oben in den Bergen unsere Maultiere wiederzusehen. Doch als wir in die Nähe kamen, entdeckten wir ein Schild, das jemand am Wegesrand aufgestellt hatte. Eigentlich war es ja mehr ein schmaler Pfad. Aber er wurde von den Dorfbewohnern als Transportweg benutzt, und deshalb war das Schild auch von ihnen.
»GEHEN SIE NICHT OHNE BEGLEITUNG WEITER. SIE KÖNNTEN SONST UMGEBRACHT WERDEN!«
War das ein Scherz? Was für ein Spaßvogel konnte diesen Text geschrieben haben? Wir wußten nicht recht, was wir davon halten sollten. Jedenfalls sind wir nicht »ohne Begleitung« weitergegangen, ohne vorher Erkundigungen einzuziehen. Wir klopften an viele Türen, weil wir etwas über die Hintergründe für die Aufstellung dieses Warnschildes erfahren wollten. Vor allem aber wollten wir den Missionar finden, der unser Maultierprojekt vor Ort betreut hatte.
Der erste Engel arbeitete schon im Hintergrund. An einem Verkaufsstand trafen wir einen gebeugten, alten Mann, der ein paar Worte Englisch sprach. Den Missionar

kannte er nicht, aber ein Freund von ihm sei Christ. Vielleicht wisse der ja, wo man ihn finden könne. »Ich ihn lassen holen. Er kommen.« Der Freund kam auch bald. Und dann gab es die erste große Überraschung: »Ihr Freund auch mein Freund. Er nach Hongkong. Vielleicht ihn dort finden.«

Fünf Millionen Menschen leben in Hongkong. Und wir waren noch in Thailand. Wir mußten also einen Missionar unter fünf Millionen Menschen finden, der auch noch einen ganz geläufigen Namen hatte.

Die Empfangsdame im Hotel gab uns einen guten Rat: Rufen Sie die Auslandsvermittlung in Hongkong an, und tragen Sie dort Ihr Anliegen vor. Man wird Sie dort mit der Vermittlung für schwierige Fälle verbinden.

Auch der zweite Engel war schon unsichtbar am Werk. Wir riefen also die Auslandsvermittlung in Hongkong an. Als wir der jungen Dame mit der freundlichen, asiatisch klingenden Stimme unser Anliegen vortrugen, war es einen Augenblick still am anderen Ende der Leitung. Doch dann sagte sie ganz aufgeregt: »Ich ihn kenne! Ein großartiger Mann. Manchmal er predigt in meiner Gemeinde. Ich werde ihn für Sie anrufen.«

Das tat sie. Und nun geschah ein weiteres Wunder perfekt aufeinander abgestimmter Ereignisse. »Es ist gut, daß ihr gerade heute anruft«, sagte der Missionar, als er sich bei uns meldete. »Am Montag reise ich mit meiner Familie in die Staaten. Wir machen dort ein halbes Jahr Ferien. Könnt ihr gleich kommen? Wir zeigen euch dann Hongkong. Es wäre schön, wenn ihr kämt.«

Darauf haben wir uns natürlich gern eingelassen, und es war eine sehr schöne Zeit. Wir haben viel gesehen, was der normale Tourist gar nicht zu Gesicht bekommt. Wir bekamen interessante Hintergrundinformationen, u. a. auch über das Schild am Wegesrand. Der Missionar erzählte: »Opium ist die am meisten angebaute Pflanze dort oben in den Bergen. Da möchte man keine Fremden sehen. Das Schild wurde von einem alten Mann geschrie-

102

ben, der euch für die Gabe an die Mission unendlich dankbar ist. Er hat euch vor den dort lauernden Gefahren gewarnt.

Ihr könnt euch nicht vorstellen, was eure Maultiere bewirkt haben. Die Christen bauen noch immer Gemüse an und transportieren es mit ihren Maultieren zum Markt. In nur fünf Jahren hat dieses kleine Dorf so viele Tiere gezüchtet, daß sie an all die Dörfer der Umgebung welche abgeben können, die ihrem Beispiel folgen wollen. Sie haben einen Namen für diese Tiere gefunden, den man kaum in unsere Sprache übersetzen kann. Er bedeutet soviel wie: ›Maultiere, die der Herr geschickt hat.‹«

Wie viele Engel waren an dieser außergewöhnlichen Aktion wohl beteiligt?

Da war der fürsorgliche Schildermaler, der möglicherweise unser Leben gerettet hat.

An einem Verkaufsstand trafen wir den Mann, dessen Freund unseren Missionar kannte.

In der Vermittlung saß die richtige Frau. Von vielen hundert Telefonistinnen in Hongkong saß die einzig richtige am richtigen Platz.

Das waren wirklich viele außergewöhnliche Ereignisse auf einer einzigen Reise. Warum auch nicht? Haben wir nicht einen außergewöhnlichen Gott, der uns vorangeht?

Sind sie nicht geradezu erhaben und heilig, die Worte auf jenem Schild? Es ist ein Schild, das bei jeder unserer Reisen am Wegesrand stehen sollte:

GEHEN SIE NICHT OHNE BEGLEITUNG WEITER!

Und wenn ihr zur Rechten oder wenn ihr zur Linken abbiegt, werden deine Ohren ein Wort hinter dir her hören: Dies ist der Weg, den geht!
Jesaja 30:31

Andrew und die Turmspringer

$\mathcal{M}$ein 14jähriger Stiefsohn ist sauer auf mich. Er ist tieftraurig und niedergeschlagen. Er ist nach Austin gekommen, um sich sein neues Zuhause anzuschauen. Ich habe eine Stelle als Prediger im Pastorenteam der Riverbend-Gemeinde angenommen. Sie gehört zu Amerikas schnell wachsenden Mega-Gemeinden. Und Riverbend braucht Hilfe. Ich bin schon vorgefahren und warte nun darauf, daß Diane und Andrew nachkommen. Der eigentliche Umzugstag für sie ist erst in ein paar Wochen. Andrew ist nur kurz hier, um schon mal ein bißchen zu »schnuppern«. Aber das Herz ist ihm schwer. Er muß seine feste Freundin zurücklassen, seine Freunde aus der Neunten und seine Mitspieler vom Baseballteam. Football, Basketball, Treffpunkte, alle möglichen Vergnügungen – und das alles sollte nun vorbei sein?

Kaum ist er aus dem Flugzeug gestiegen, fängt er schon wieder an zu nörgeln: »Warum tust du mir das an, Charlie?« Die neue Schule, die neue Gemeinde, die neue Stadt, die neuen Geschäfte – nichts beeindruckt ihn. Alles ist einfach nur »blöd«. »Warum tust du mir das an?« Immer dieselbe Leier.

Vor seiner Ankunft habe ich mich schon ein bißchen umgeschaut, habe mich nach jungen Leuten in Andrews Alter erkundigt und sie gefragt, ob sie nicht einfach mal vorbeikommen könnten, wenn Andrew da wäre. Das wollten sie gern tun – besonders die Mädchen. Und da stehen sie nun vor der Tür – drei junge Schönheiten – und wollen ihn zum Schwimmen abholen.

Andrew war schon vorher ein begeisterter Turmspringer. Seit er zwei Jahre alt war, fühlte er sich im Wasser pudelwohl, vor allem aber auch unter Wasser. Richtig trainiert hat er eigentlich nie. Er hat sich im Fernsehen die Technik abgeschaut.

Ich bin dann mitgefahren zum Schwimmbad. Ich saß am Beckenrand, als plötzlich eine Frau neben mir Platz nahm. Sie fragte:»Gehört der Junge zu Ihnen? Wie alt ist er? Wer trainiert ihn?«

»Er heißt Andrew. Andrew ist 14. Er ist mein Stiefsohn. Einen Trainer hat er nicht. Er hat einfach Spaß am Turmspringen.«

»Andrew, kommst du mal her«, rief sie.»Weißt du eigentlich, wie gut du bist, mein Freund? Ich habe noch keinen 14jährigen Jungen gesehen, der so gut springt wie du. Ich bin hier die Trainerin. Gekommen bin ich nur, weil die Bademeister mich angerufen haben. Ich sollte mir einen Jungen beim Springen ansehen. Ich würde es nicht glauben. Sie hatten recht, Andrew. Hätte ich es nicht mit eigenen Augen gesehen, würde ich es nicht glauben.« Sie hörte gar nicht mehr auf. Aber es waren Worte, die einen niedergeschlagenen Teenager aufrichten konnten.

Darauf erzählte sie Andrew, daß die Trainer der Universität von Texas jedes Jahr aus den Oberschülern von Austin einige begabte für ein Spezialtraining aussuchen würden. Diese Schüler gehen dann jeden Tag nach dem Unterricht ins Schwimmsportzentrum der Universität. »Es ist wahrscheinlich das beste in Amerika, und man wird dort von den besten Trainern der Welt betreut. Bei den nationalen Ausscheidungen sind die Texaner immer vorn und auch international. Sie reisen überall hin: nach Europa oder nach Fernost.

Ich garantiere dir, Andrew, daß du ganz bestimmt zu den Auserwählten zählen wirst. Du solltest keine Zeit verlieren und fleißig trainieren. Wenn du dann mit der Schule fertig bist, wirst du mit den Besten um ein Stipendium kämpfen. Und denke schon mal an die nächsten Olympischen Spiele.«

Ich beobachtete Andrew, während er zuhörte. Und das Wunder geschah: Aus Groll und Gekränktheit wurde Hoffnung: »Ich, Andrew, kann ein internationaler Sportstar werden, besuche die Universität von Texas, bekomme ein Stipendium und werde Turmspringer bei den Olympischen Spielen!!«

Wie kam es, daß ich mich bereit erklärte, für längere Zeit in dieser großen Gemeinde von Austin in Texas zu predigen? Warum werden gerade in Austin so viele Profispringer trainiert? Warum haben die drei Mädchen Andrew ausgerechnet in dieses Schwimmbad mitgenommen? Warum hatten gerade die Bademeister aus der Oberschulmannschaft an jenem Tag Dienst im Schwimmbad? Wie kam es, daß die Trainerin sofort aufbrechen konnte, als man sie anrief und bat zu kommen? »Gut, daß ich schon zu Hause war. Ich war gerade von einem Wochenendausflug heimgekehrt«, erzählte sie.

Und dann stellt sich noch eine weitere Frage: Wie kam es, daß ausgerechnet die drei Mädchen kamen, die einem Hausbibelkreis für Oberschüler angehörten? War es Zufall, daß sie auch noch gerade an jenem Abend ganz in unserer Nähe ihre Zusammenkunft hatten? »Hast du Lust zu kommen, Andrew? Du lernst dort eine Menge netter junger Leute kennen.«

Als er zurückkam, fragte ich ihn: »Na, wie war's beim Hauskreis?«

»Super. Waren tolle Leute da.« Das war eine Kehrtwendung um 180 Grad: Alles war zurückgekehrt: das Lachen im Gesicht, die Freude im Herzen, der Elan, etwas' anzu-packen: Champion im Turmspringen werden – Halleluja!

Ist es nicht atemberaubend, wie der göttliche Choreo-graph so vieler glücklicher Fügungen immer wieder für Überraschungen sorgt? Gottes Engel arbeiten als unsicht-bare Weber an dem großen Teppich, der unser Leben ist. Und welch herrliche Muster entstehen, wenn wir sie gewähren lassen!

Das Leben eines Menschen
wird am Webstuhl der Zeit gewoben
zu einem Muster, das er noch nicht kennt,
während die Weber sich mühen
… und das Schiffchen fliegt,
bis die Ewigkeit zu dämmern beginnt.
UNBEKANNT

Neue Freunde aus der Heimat

$\mathcal{H}$awaii, 3 Uhr nachts. Wir haben gerade eines jener Riesenflugzeuge verlassen müssen, in denen bis zu 400 Passagiere Platz finden. Es sind also 400 Menschen, die sich jetzt in einem Wartesaal drängten. Unsere Maschine muß auftanken, und das wird eine Stunde dauern, wird uns von offizieller Seite mitgeteilt. »Die Unterbrechung tut uns leid. Ruhen Sie sich ein bißchen aus. Machen Sie es sich bequem. Schon bald sitzen Sie wieder im Flugzeug, und dann geht es weiter nach Australien.«

Jetzt sitzen wir erst einmal im Wartesaal auf unbequemen Stühlen. Was kann man als Passagier tun, um sich abzulenken? Wie wäre es mit einem Schwätzchen mit dem Nachbarn?

Die Gepäckanhänger mit den Anschriften der Reisenden üben auf mich immer eine magische Anziehungskraft aus. Als ich mich diesmal umschaue, glaube ich meinen Augen nicht zu trauen. Gleich neben mir an einem Koffer lese ich klar und deutlich: »Universität Nord Iowa / Institut für Hauswirtschaftslehre / Cedar Falls / Marilyn Storey / Institutsleitung.«

Ich schaue einmal, zweimal, dreimal hin. Cedar Falls in Iowa ist meine Heimatstadt. Ich habe ein paar Jahre in der Footballmannschaft der Universität gespielt, und meine Martha hatte ihr Studium der Hauswirtschaftslehre dort abgeschlossen. Das kann doch nicht sein. 400 Menschen sitzen in diesem ungemütlichen Wartesaal. Wir sind in Hawaii, weit draußen im Pazifik, und ich sitze neben jemand aus Cedar Falls.

»Entschuldigen Sie, ich habe zufällig Ihren Gepäckanhänger gesehen. Kommen Sie tatsächlich aus Cedar Falls?«

»Ja.«

»Und Sie sind Institutsleiterin an der Universität von Iowa?«

»Ja.«

»Das ist ja unglaublich. Cedar Falls ist meine Heimatstadt.«

Ich stelle mich vor. Und auf einmal gibt es viel zu erzählen und zu lachen. Ich stelle der Frau Diane vor, und wir lernen ihren Mann Norman kennen. Er ist zur Zeit Leiter der Studienberatung an der Universität. Die Langeweile einer schier endlosen Reise ist plötzlich einer freundschaftlichen Plauderei gewichen. Menschen, die ein und dieselbe Stadt ihre Heimat nennen, haben sich viel zu erzählen und lernen sich schnell näher kennen.

Kennen Sie das auch, daß man plötzlich das Gefühl hat, die Zeit laufe einem davon? So empfanden wir vier es jedenfalls in diesem Augenblick.

Ich tausche mit Norman Visitenkarten aus. Und nun, da er meine Adresse liest, ist er es, dem es die Sprache verschlägt.

»Sie wohnen jetzt in Georgia?« fragt er. »In Athens? Wissen Sie vielleicht zufällig, wo Hartwell liegt?«

»Natürlich kennen wir Hartwell. Es liegt an einem der schönsten Seen im Süden. Ungefähr 40 Meilen sind es von unserem Haus. Wir lieben den See von Hartwell sehr.«

»Wir auch. Wir haben uns so sehr in die Gegend verliebt, daß wir ein Haus in Hartwell bauen. Wir sind beide in Rente gegangen, und wir werden bald nach Hartwell umziehen.«

Wir hören den Aufruf, wieder an Bord zu gehen. Und während wir uns auf den Weg machen, sagt Norman zu mir: »Gerade heute haben wir darüber gesprochen, ob es uns noch gelingen wird, einen neuen Freundeskreis in Georgia zu finden. Wenn man bedenkt: Hier bei einem

Zwischenstopp auf Hawaii lernen wir uns kennen. Kaum zu glauben.«

Vier Menschen, die einmal Nachbarn und Freunde werden sollten, reisen im selbem Flugzeug auf dem Weg nach Australien. Und dabei hat ein kleiner Gepäckanhänger mit einem Namen darauf alles ins Rollen gebracht.

Wie kam es, daß sich all das hier draußen im Pazifik überhaupt ereignen konnte? Für diejenigen unter uns, die glauben, gibt es nur eine Antwort: »Und beständig wird der HERR dich leiten« (Jesaja 58:11).

Beständig! Von Nebraska nach Texas, von Thailand bis zur Glaskathedrale, von Cedar Falls nach Hartwell. Er bereitet den Weg schon im voraus. Er hat es getan bis zu diesem Augenblick und wird es weiter tun bis in eine ferne Zukunft. Genau das ist gemeint, wenn wir von der »vorausgehenden Gnade« sprechen.

Ich glaube an einen liebenden Gott,
dessen Engel stets in meiner Nähe sind.
Und wenn ich sie gewähren lasse,
werden sie mich an die Menschen heranführen,
denen ich nach seinem Plan begegnen soll.

Träume und Engel

*Doch auf eine Weise redet Gott und auf eine
zweite,
und man wird es nicht gewahr.
Im Traum, im Nachtgesicht,
wenn tiefer Schlaf auf die Menschen fällt,
im Schlummer auf dem Lager,
dann öffnet er das Ohr der Menschen
und bestätigt die Warnung für sie.*
HIOB 33:14-16

*Immer wieder berichtet die Bibel davon, daß Gott zu
seinem Volk in Träumen redet. Hiob und viele andere bezeugen das. Es kann jederzeit geschehen – am
Tag, in der Nacht, am Abend, am frühen Morgen. Mit
Wegweisung, Bestätigung, Trost, Rat, Warnung oder
der Verkündigung großer Freude tritt er so an uns
heran. Und oft wird es ein Engel sein, der uns seine
Traumbotschaft überbringt.*

Hat jeder Traum eine wichtige Botschaft für uns?
Einige sagen ja. Doch hier meldet sich ein alter Mann,
der ein Leben lang geträumt hat: Ich behaupte das
Gegenteil. Ich glaube, daß viele unserer Träume ein
Geschenk des Herrn sind und uns lediglich zur Er-
bauung dienen sollen.

Ein Traum geht in Erfüllung

*W*olfsburg ist eine interessante deutsche Stadt. Es ist die Stadt des Volkswagens. 5000 werden täglich produziert. In der Bibel heißt es: »Alles aber geschehe anständig und in Ordnung.« Und genau so arbeitet man in Wolfsburg – wohldurchdacht und reibungslos.

Wir bereisten einen Monat lang Europa, und wir machten Zwischenstation in Wolfsburg, um dort für unseren großen Sohn einen Volkswagen zu kaufen. Er war als Geschenk für Peters Schulabschluß gedacht. Alles sollte so sein, wie er es sich immer gewünscht hatte – die richtige Farbe und die richtigen Extras.

Wir übernachteten in einer der pieksauberen deutschen Pensionen – Federbetten, gutes Frühstück – und alles zu einem äußerst günstigen Preis. Dort hatte ich einen sonderbaren Traum. Großmutter kam darin vor. Meine Schwiegermutter war eine ausgesprochen liebenswerte Person. Sie mochte mich auch. Am meisten schätzte ich an ihr, daß ich in ihrem Wesen so sehr die Liebe Gottes widergespiegelt sah. Nicht nur, daß sie mir ihre Tochter zum Geschenk gemacht hatte – durch sie wurde mir auch stets bewußt, daß ein Leben mit dem Herrn die natürlichste Sache der Welt ist.

Es war Mittwoch, der 21. Juli. In meinem Traum waren wir in Kopenhagen angekommen. Man hatte dort eine Nachricht hinterlassen: Großmutter sei gestorben, und wir sollten doch nach Hause kommen. Am deutlichsten erinnere ich mich noch an Peters kleinen Käfer. Er tauchte in diesem Traum auf und verschwand wieder, kurvte durch kleine Dörfer mit braunen Kühen auf den Weiden und den für Dänemark so typischen weißen Scheunen, bis er Amsterdam erreichte und dort eingeschifft wurde.

Am nächsten Morgen erzählte ich Martha von diesem Traum. Irgendwann hatten wir verabredet, daß wir uns immer unsere Träume erzählen würden. Und ich bin heute noch froh, daß ich ihr gerade von diesem berichtet habe.

Als wir abends in Hamburg zusammensaßen, hatte ich das Gefühl, ich sollte auch meinen Söhnen von dem Traum erzählen. Timothy, unser Jüngster, fand das gar nicht gut. Es sei ja nur ein Traum, beruhigten wir Eltern ihn. Peter war es dann, der in diesem Augenblick mehr Lebenserfahrung zu haben schien als wir. Er sagte: »Aber Tim, Oma ist 81. Wir müssen uns damit abfinden, daß sie irgendwann sterben wird.« Doch kurz darauf hatten wir alle diesen Gedanken wieder verdrängt.

Den Freitag verbrachten wir in Großmutters Heimatstadt. Es war eine schöne Zeit. Mit 21 war sie, aus dem dänischen Odense kommend, nach Amerika ausgewandert. Ihre Verwandten hatten uns zum Essen eingeladen. Später besuchten wir die St. Knuds Kirche, wo Großmutter getauft worden war, und die Häuser, in denen sie ihre Kindheit und Jugend verbracht hatte. Sie standen noch immer und waren in einem guten Zustand. Ihr Vater, der Zimmermann war, hatte sie erbaut.

Am Samstag waren wir dann in Kopenhagen. Den Traum hatten wir inzwischen weitgehend verdrängt. Aber ganz vergessen hatten wir ihn auch noch nicht.

Als wir im Hotel ankamen, lief Tim sogleich zur Rezeption. Wir anderen hatten uns angestellt, um Schecks einzulösen. Es gibt Augenblicke im Leben, die vergißt man nie wieder. Für mich gehört dazu der Moment, da Tim mir einen Zettel reichte, auf dem folgendes stand:

Wichtig! Rufen Sie sofort Mr. Petersen, Portland, Oregon, an.

Es folgte noch eine Telefonnummer. Das war alles. Mr. Petersen war mein Schwager. Wir vier schauten uns schweigend an. Wir gingen aufs Zimmer und riefen in Portland an. Und es bestätigte sich, was wir ahnten: »Charlie, ich habe eine traurige Nachricht für dich: Mutti ist heute morgen verstorben. Pastor Tange erzählt, daß sie noch ausgiebig gefrühstückt hat. Dann soll sie sich in ihr Zimmer zurückgezogen haben. Und dort ist sie eingeschlafen.«

Wir saßen eine ganze Weile zusammen, und jeder erzählte, was er empfand. Wir weinten und beteten. Und wir dankten Gott dafür, daß wir durch »unseren« Traum schon drei Tage hatten, um uns innerlich auf das Ereignis vorzubereiten.

Martha, Tim und ich wollten noch am nächsten Morgen nach Hause fliegen. Wir schauten doch mit sehr gemischten Gefühlen unserem Achtzehnjährigen hinterher, als er mit seinem Käfer davonbrauste. Aber er fuhr sicher und ohne Probleme – vorbei an den braunen Kühen, den weißen Scheunen, durch kleine Ortschaften und über sanfte Hügel, bis er Amsterdam erreichte. Achtzehnjährige leisten oft mehr, als wir Eltern ihnen zutrauen. Martha hatte noch gesagt: »Sollte nicht wenigstens einer von uns mit Peter mitfahren?« Worauf er, der Philosoph der Familie, antwortete: »Mutti, ich mache alles, damit du dir keine Sorgen machen mußt. Wenn es dir lieber ist, daß Papa mitfährt, dann soll mir das recht sein. Aber würde das nicht dem positiven Traum zuwiderlaufen?«

Sie haben eine schöne Sitte in Großmutters Gemeinde: Nach einer Trauerfeier trifft man sich noch im Foyer zu einem kleinen Imbiß. Und bei Dänen bedeutet dies, daß es belegte Brote, Gebäck und auch Gesprächsthemen in großer Auswahl gibt.

Irgendwann kam ich mit Großmutters engsten Freunden ins Gespräch. Dabei erfuhr ich, daß sie gar nicht begeistert war über unsere Reisepläne. Wir hatten das Reisebüro gebeten, jede unserer näheren Angehörigen über unsere Route zu informieren. Aber Großmutter hatte diesen Brief nicht mehr rechtzeitig erhalten. Er war in der falschen Stadt gelandet, und so kam er erst zwei Tage nach ihrem Tod an.

»Glauben Sie, sie hat den Herrn gebeten, Kontakt zu Ihnen aufzunehmen? Irgendwie muß sie sich schon nicht ganz wohl gefühlt haben. Ob sie etwas geahnt hat?« fragte eine ihrer Freundinnen.

»Sie glauben doch nicht etwa, daß das nicht möglich ist?« sagte Bertel. Bertel und seine Frau waren Großmutter besonders ans Herz gewachsen. Sie nahmen sie am Sonntag mit zum Gottesdienst oder zu besonderen Veranstaltungen. »Wenn jemand solche Dinge schon im voraus träumt, dann muß man solche Vorahnungen erst recht für möglich halten«, sagte er. »Wenn man Marie kannte und weiß, wie sie mit dem Herrn gelebt hat, dann muß man wohl davon ausgehen, daß sie sehr wohl etwas geahnt hat. Sie hat den Herrn gebeten, nach Ihnen Ausschau zu halten. Und das hat er dann wohl getan.«

An dem Tag, als wir nach Dänemark abreisten, hatte Martha noch etwas getan, was gar nicht so selbstverständlich war. Sie hatte ihrem Bruder einen kurzen Brief geschrieben. Die beiden mochten sich zwar, aber ihre Beziehung war auch wieder so, daß ihnen ab und an eine kurze Nachricht völlig genügte. Trafen sie sich doch einmal, kamen sie gut miteinander aus, aber ansonsten liebte man sich ohne viele Worte. Aber aus irgendeinem Grund fühlte sich Martha genötigt, an jenem Tag ihrem Bruder folgende Nachricht zukommen zu lassen: »Wir sind am 24. Juli in Kopenhagen und wohnen im Hotel ›Fünf Schwäne‹«. 19 Stationen unserer einmonatigen Reise waren im voraus bekannt. Das waren feste Reservierungen. Zwischendurch wollten wir aber auch so manchen Abstecher »ins Blaue« machen. Noch drei Tage vor Großmutters Tod fuhren wir kreuz und quer durch Deutschland und Dänemark. Und am darauffolgenden Tag wollten wir eine dreitägige Schiffsreise entlang der Küste von Schweden und Norwegen unternehmen. Wir wären dann kaum erreichbar gewesen.

Warum war sie also gerade an diesem Tag gestorben? Warum hatte Martha ausgerechnet diese Zwischenstation für die Nachricht an ihren Bruder ausgewählt? Warum waren wir schon drei Tage im voraus auf die Nachricht vorbereitet? Gibt es für das alles eine Erklärung? Können wir hinter das Geheimnis kommen?

Es gibt nur eine Antwort. Gott in seiner Liebe sorgt für uns. Er weiß immer ganz genau, was wir erfahren müssen. Er weiß am besten, an welchem Ort wir uns gerade aufhalten sollten. Wir sollten es nicht eiliger haben als er. Vielmehr sollten wir uns seiner Führung anvertrauen und genau hinhören, um das oft leise Raunen seiner göttlichen Stimme überhaupt wahrzunehmen.

Zweimal Joseph und viele Träume

*J*oseph und das superbunte Traumboot. So heißt gerade ein Kinohit am Broadway. Der Joseph aus dem Alten Testament hat zweifellos schon immer eine besondere Faszination auf jene ausgeübt, die etwas für anrührende und außergewöhnliche Geschichten übrig haben. Gerade Joseph ist eine jener herausragenden biblischen Gestalten, deren Leben durch Träume maßgeblich beeinflußt worden ist.

Wer sich mit diesem Joseph, dem Sohn Jakobs, näher beschäftigt, wird von der hohen moralischen Integrität dieses Menschen beeindruckt sein. Und welcher Bibelfreund kann schon die klassische Antwort Josephs auf das Ansinnen der Frau Potifars vergessen? »Wie sollte ich dieses große Unrecht tun und gegen Gott sündigen?« (1. Mose 39:9).

Interessant ist, daß wir auch im Neuen Testament sofort an einen Joseph denken, wenn es um Träume und Engel geht. Warum sind die Engel diesem Joseph so oft erschienen? Drei Verse aus der Bibel geben uns genaue Antwort:

> Siehe, da erschien ihm ein Engel des Herrn im Traum ... Joseph aber, vom Schlaf erwacht, tat, wie ihm der Engel des Herrn befohlen hatte (Matthäus 1:20 u. 24).

> Da erscheint ein Engel des Herrn dem Joseph im Traum und spricht: Steh auf, nimm das Kindlein und seine Mutter zu dir und fliehe ... Er aber stand

auf, nahm das Kindlein und seine Mutter des Nachts zu sich (Matthäus 2:13-14).

Als aber Herodes gestorben war, siehe, da erscheint ein Engel des Herrn dem Joseph in Ägypten im Traum und spricht: Steh auf, nimm das Kindlein und seine Mutter zu dir und zieh in das Land Israel ... Und er stand auf und nahm das Kindlein und seine Mutter zu sich, und er kam in das Land Israel (Matthäus 2:19-21).

Dreimal erscheint diesem Joseph aus dem Neuen Testament ein Engel im Traum. Und dreimal tat er genau, was ihm geboten wurde. Drei Worte sind es auch, die sich jeder, der den sanften Flügelschlag eines Engels spüren möchte, zu Herzen nehmen sollte:
Gehorsam ohne Zögern!

ZEHN

Verwandt mit aller Kreatur

Das Vieh auf tausend Hügeln ... Pferde, gezäumt oder frei ... der Esel, der redete, und die Füchse in ihrem Bau ... Schlangen und andere Kriechtiere ... der große Fisch in Jonas Leben ... die Fische im Netz, das zu zerreißen drohte ... zwei kleine Fische, die Jesus nahm zur Speisung der Menge ... die Taube, die Noah aussandte, und die Raben, die den sich fürchtenden Propheten speisten ... und der Spatz, der nicht vom Dach fällt, ohne daß unser himmlischer Vater es bemerkte ...

Gott hält die ganze Welt in seiner Hand ... und das Universum und alles darin. Alles ist seins. Und zuweilen benutzt er sogar die Tiere – Vögel und Fische –, als Diener für seine Engel.

Bei mir waren es ein Maultierfohlen, ein Kätzchen und eine Möwe in Not, die mir eine Botschaft übermittelten. Es ist die Botschaft von der großen, heili-

gen Wahrheit, die überall in der Schrift verkündigt wird: Das Weltall und alles darin ist von ihm erschaffen worden, um seinen heiligen Namen zu verherrlichen.

Die dankbare Seemöwe

*E*s sieht immer wunderschön aus, wenn Möwen als Begleiter eines Fischkutters hoch oben ihre Kreise ziehen oder hinabstürzen ins Wasser, um Beute zu fangen. Doch die Seeleute haben uns auch ganz andere Geschichten von den Möwen erzählt: Manchmal sind sie ziemlich übel gelaunt und können bösartig werden, wenn sie sich bedroht fühlen. Mit ihren Krallen und Schnäbeln können sie beträchtliche Verletzungen herbeiführen. »Möwen nicht anfassen!« »Möwen bitte nicht füttern.« »Halten Sie sich von den Möwen fern.« Solche Warnschilder habe ich schon oft an Stränden gesehen.

Martha und ich wußten das. Wir hatten die Warnschilder am Strand gelesen. Wir hatten Geschichten gehört von Menschen, die verletzt worden waren. Und wir hatten beobachtet, wie diese Vögel untereinander ihre Kämpfe austrugen. Uns war bewußt, daß die Möwen zu den Geschöpfen gehören, die man besser in Ruhe läßt.

Was aber sollten wir mit jener armen Möwe tun, die wir eines Tages am Strand fanden? Sie hatte sich in einem Krabbennetz verfangen. Wütend war sie – wütend auf das Netz, wütend über ihr Schicksal, wütend, einfach wütend. Was würden Sie tun, wenn Sie am Strand eine verletzte Möwe finden würden, die sich in einem Netz verfangen hat? Was würden Sie tun, wenn Sie eigentlich helfen wollten, wenn aber Ihr Informationsspeicher nur Warnungen enthielte wie: »Halten Sie sich von den Möwen fern«?

Vielleicht würden Sie dasselbe tun wie wir: zunächst einmal beten. Aber als wir unser »Amen« gesprochen hatten, war sie immer noch im Netz gefangen. Würde sie (oder war es ein Er?) je begreifen, daß wir Freunde waren? Sollten wir es darauf ankommen lassen und einen Rettungsversuch starten?

Wir wagten es. Als wir uns der Möwe näherten, redeten wir sie an: »Na, du kleine Möwe, du wirst sicher nicht gleich begreifen, was wir vorhaben. Aber versuche es wenigstens. Wir wollen dich doch nur befreien. Und wenn du uns läßt, dann wird einer von uns dich hochnehmen und der andere dich aus dem Netz befreien. Das ist sicher nicht angenehm für dich, aber für uns auch nicht. Es wird einen Augenblick dauern. Aber wenn wir für diese Zeit Freundschaft schließen könnten, dann tätest du uns einen Gefallen und dir selber auch.« Die Möwe schien tatsächlich ruhiger zu werden, und so näherten wir uns vorsichtig. Ich hob den Vogel auf meinen Schoß. Ganz behutsam fing Martha an, Knoten zu lösen und Fäden zu ziehen. Währenddessen beruhigte ich den Vogel, so gut ich konnte, indem ich Bibelverse zitierte, ruhig auf ihn einsprach und ihn tröstete.

Endlich waren die Flügel befreit, und die Möwe erhob sich und flog hinaus auf das offene Meer. Wie frei muß sie sich gefühlt haben. Und wie erleichtert fühlten wir uns! Dann plötzlich, etwas in dieser kleinen Möwe muß sich der guten Möwensitten besonnen haben.

Sie kam zu uns zurückgeflogen und stieß einen Schrei aus, als riefe sie uns etwas zu.

»Was willst du uns sagen, kleine Möwe?« Natürlich würden wir es nie erfahren. Doch immer dann, wenn wir uns an jenen Tag mit der Möwe erinnerten, sagte einer von uns:»Es hat sich doch angehört wie ›Danke‹, meinst du nicht auch?«»Ich finde, daß es sich eher angehört hat wie: ›Ich danke euch, und der Herr segne euch dafür!‹«

In der Bibel lesen wir, daß die Liebe stärker ist als alles andere. Könnte es sein, daß die Sprache der Liebe vielleicht gar nicht auf Worte angewiesen ist, um eine Brücke zu schlagen zwischen den Geschöpfen – Mensch und Kreatur? In der Bibel finden wir jedenfalls eine Bestätigung dafür:

Aber frage doch das Vieh,
und es wird es dich lehren,
oder die Vögel des Himmels,
und sie werden es dir mitteilen ...
daß die Hand des HERRN dies gemacht hat.
Hiob 12:7

Hawley Moses

*B*lue Ridge Summit in Pennsylvania ist eine kleine Stadt, die hoch oben in den Appalachen liegt. Und auch die Gemeinde dort – die Hawley Memorial Presbyterian Church – steht bei mir ganz hoch im Kurs. Wir konnten miterleben, wie sie von einer winzig kleinen Versammlung, die beinahe ihre Tore hätte schließen müssen, zu einer aufstrebenden Gemeinde heranwuchs. An meinem letzten Palmsonntag dort predigte ich über Jesu Ritt auf dem Esel. Hätte er nicht ein angemesseneres Tier für seinen triumphalen Einzug in Jerusalem finden können? Das ist ein interessantes Thema. Ich spreche gern darüber, und die Leute mochten es damals auch. Meine Gemeinde wußte, daß ich ein Tierfreund bin. Und deshalb war man auch nicht überrascht, als ich sagte: »Wenn ich mich eines Tages aus dem aktiven Dienst zurückziehe, dann hoffe ich, mich mit einem Esel oder Maultier aus meinem Dorf anfreunden zu können.«

An meinem allerletzten Sonntag machten wir einen Gemeindeausflug. Einige Mitglieder hatten ihre Musikinstrumente mitgebracht. Es gab belegte Brote. Der Platz, wo wir uns lagerten, war festlich geschmückt, und es waren so unglaublich viele Menschen gekommen. Dann kam der Augenblick, da das Abschiedsgeschenk überreicht werden sollte. Plötzlich tauchte Herb auf, unser mennonitischer Freund, der Farmer am Ort war. Und was brachte er mit? Raten Sie es schon? Es war ein zwei Monate altes Maultierfohlen. Ein stolzes Tier, das erhobenen Hauptes daherkam und sich offenkundig über das fröhliche Treiben freute.

Ich wünschte, Sie wären dabeigewesen, als mir das Tier übergeben wurde. Während der kleinen Rede, die jemand hielt, wurde gelacht und gejohlt. Es war ein Fest. Ich glaube, daß überall in den Dörfern und Tälern ringsumher unser freudiges Gelächter zu hören war. Hat je eine Gemeinde ihrem scheidenden Pastor ein Maultier geschenkt?

Manche Maultiere sind besonders hübsch. Meins hatte ein fuchsrotes Fell, lange Ohren und treue Augen. Mit seinem Herrn, der es führte, kam dieses zwei Monate alte Baby ans Mikrofon, in das es hineinwieherte. Es schaute nach den vielen bunten Luftballons, ließ sich bereitwillig von den Kindern streicheln, wieherte wieder ins Mikrofon und trottete dann zu den Senioren der Gemeinde. So etwas hatte ich noch nicht erlebt. Aber eine Gemeinde wie diese war mir schließlich auch noch nicht begegnet.

Unsere Gemeinde hieß offiziell »Hawley Memorial Presbyterian«. Wie sollten wir da unser Maultierbaby nennen? Wir veranstalteten einen kleinen Wettbewerb. Und wer hat wohl gewonnen? Es war Martha mit dem Vorschlag, es »Hawley Moses« zu nennen.

Erinnern wir uns: Hawley Moses war nicht etwa ein zierlicher Esel. Der Vater war ein kräftiger Maultierhengst und die Mutter eine gut 500 Kilo schwere Belgier Stute. Belgier und groß gewachsene Maultiere waren Herbs Spezialität. Getreu der mennonitischen Tradition, pflügte er noch mit Pferden oder Maultieren. Deshalb mußten es kräftige Tiere sein. Mit einem so muskulösen Maultiervater und einer so stattlichen Pferdemutter mußte Moses ein gewaltiges Tier werden. Und so kam es dann auch.

Was würden Sie tun, wenn Ihnen jemand ein Maultier schenken würde, das eines Tages nicht nur ganz stattlich, sondern riesig werden würde? Genau diese Frage habe ich mir damals gestellt. Sicher, ich mochte Maultiere sehr gern. Aber ich hatte nie eins besessen. Mit einem zierlichen Esel wäre ich zurechtgekommen. Aber mit diesem Tier? Das endgültige Körpermaß eines Maultiers kann man errechnen, wenn man bei einem einmonatigen Tier die Entfernung zwischen Knie und Huf kennt. Moses würde danach ein Riese werden.

Wir wollten nach Athens in Georgia ziehen, um in der Nähe unserer jüngsten Enkel zu sein. Das war ein recht abenteuerlicher Umzug auf ein gut einen Hektar großes Gelände. Es stand noch kein Wohnhaus darauf, nur eine große, rote Scheune und ein paar Ställe. Wäre das nicht genau das richtige für ein stattliches, rotes Maultier gewesen? In gewisser Weise schon. Aber zwei Dinge paßten nicht. Erstens mußten wir ja noch das Wohnhaus bauen, und bis es fertig war, konnten wir nicht auf dem Gelände wohnen. Und zweitens wußte ich absolut nichts über die Pflege und die Betreuung eines Maultiers. Ich wußte nur, daß es nicht immer zwei Monate alt sein und auf Dauer bei seiner Mutter leben würde. Eines Tages würde es vier Monate alt und entwöhnt sein, und dann würde man es mir übergeben.

Was konnte ich nur tun? Ich konnte beten. Und das tat ich oft. Ich hängte auch ein großes Bild von Moses an eine gut sichtbare Stelle in meiner Werkstatt. (Ich bete intensiver mit einem konkreten Bild vor Augen.)

Und dann geschah etwas Unglaubliches. Um die Scheune instand zu setzen und das Wohnhaus zu errichten, hatten wir einen jungen Bauunternehmer namens Smith Wilson mit den Arbeiten beauftragt. Das war ein ungewöhnlicher Name für einen ungewöhnlich netten Zeitgenossen.

Gerade an jenem Tag, da ich das Bild von Moses an die Wand genagelt hatte, kam Smith herein. Er sah das Bild und stutzte. Er schaute aufs Bild und dann zu mir und wieder zum Bild.

Und dann kamen wir ins Gespräch: »Woher haben Sie das Bild? Ist noch ein Fohlen, nicht wahr? Ich kann mich nicht erinnern, schon einmal solch ein Maultierfohlen gesehen zu haben.« Warum, wieso, weshalb? Er fragte und fragte.

»Es ist mein Fohlen. Es heißt Hawley Moses und kommt nächste Woche hierher.«

»Sie machen Witze!«

Dann erzählte ich ihm die Vorgeschichte, und danach fragte ich ihn: »Ich habe nicht die geringste Ahnung, wie man mit solch einem Maultier umgeht, vor allem, wenn es auch noch ein Fohlen ist. Kennen Sie jemand in der Gegend, der mir da helfen könnte?«

»Dr. Shedd«, sagte er, »wissen Sie eigentlich, daß ich Vorsitzender des Pferde- und Maultierzüchterverbands von Georgia bin?«

Hätte ich das wissen müssen? Ich wußte ja noch nicht einmal, daß es diesen Verband überhaupt in Georgia gab.

Unglaublich! Ein Prediger und angehender Maultierbesitzer trifft einen jungen Bauunternehmer in einer Scheune, dessen Hobby es ist, Pferde und Maultiere zu züchten. Waren hier etwa wieder die Engel am Werk?

Smith machte mir einen Vorschlag, und ich nahm ihn sofort an: Er wollte Hawley Moses zu sich auf seine kleine Farm nehmen, die ganz in unserer Nähe lag. Solange Moses ein Fohlen war, wollte er sich liebevoll um ihn kümmern, ihn einreiten und an die Trense gewöhnen – also alles tun, damit aus ihm ein ansehnliches Maultier werden würde. Und das tat der gute Mann dann auch.

Moses wuchs und wuchs, bis er ein gewaltiger Pfundskerl geworden war. Und all die alten Maultierzüchter, die kamen, um ihn sich anzuschauen oder ihn bei Zuchtschauen begutachteten, riefen wie aus einem Munde: »Siebzehn und eine halbe Hand! So etwas haben wir noch nie gesehen!«

Wenn ich überlege, wie alles gut ausgegangen ist, stellen sich mir schon ein paar Fragen: Gibt es im Himmel

Engel, die bereitstehen, auch so ungewöhnliche Gebete zu erfüllen wie: »Herr, Hawley Moses wird bald hier sein. Er ist erst vier Monate alt. Und du weißt so gut wie ich, daß ich mich mit Maultieren überhaupt nicht auskenne. Kannst du mir bei diesem hier helfen?«

Wußte Gott, welchen Bauunternehmer wir brauchen würden, der nicht nur unsere Scheune restaurieren und unser Haus errichten konnte, sondern uns auch noch mit unserem Maultier zur Seite stehen würde?

Kann ein gläubiger Mensch so etwas erleben und dann nicht von der Existenz der Engel überzeugt sein?

Zögere nie, den Vater im Himmel
um Hilfe in allen Lebenslagen zu bitten.
Er nimmt sich aller Dinge an,
aller Menschen und aller Kreaturen.

Treu bis in den Tod

*D*ie Manxkatzen trifft man nicht allzu häufig an unter unseren typischen Hauskatzen. Ihre Hinterläufe sind verhältnismäßig lang, so daß ihr Hinterteil höher ist als der Kopf. Dadurch können sie gewaltige Sprünge machen. Ein Wettlauf mit anderen Katzen wäre nicht fair, denn da sie keinen Schwanz haben, der sie behindern könnte, sind sie flink wie Wiesel. Wenn sie erst einmal ihre Geschwindigkeit erreicht haben und Sprünge machen wie ein Känguruh, dann kann sie so leicht keine andere Katze einholen. Aber es gibt noch andere wichtige Unterschiede.

Die Manxkatze hat eine völlig andere Lebensphilosophie als ihre Vettern. Katzenfreunde werden wissen, daß sich ihre Lieblinge an jedem verfügbaren Bein nur aus einem einzigen Grund reiben: Es gibt ihnen ein wohliges Gefühl. Doch die Manxkatzen haben im Laufe ihrer Entwicklung diesbezüglich eine Kehrtwendung gemacht. Ihnen ist es nicht mehr so wichtig, Liebe zu empfangen. Sie sind vielmehr bestrebt, all ihre Zuneigung ihrer Umwelt zu zeigen. Sie reiben sich am Bein eines Menschen, damit er sich wohlfühlt!

Damit kommen wir zu Dinah. Als Martha und ich jung verheiratet waren, haben wir als Hobby Manxkatzen gezüchtet. (Deshalb weiß ich auch einiges über sie.) Als wir uns aus dem aktiven Dienst in der Gemeinde zurückgezogen hatten, suchten wir wieder solch eine Katze. Sie sollte uns an jene glücklichen Jahre erinnern. Aber es war absolut keine Manxkatze aufzutreiben.

Fast genauso mochten wir Kartäuserkatzen. Und so entschlossen wir uns, nach dieser »zweiten Wahl« zu suchen. Wir studierten die Anzeigen in der Zeitung, und eines Abends wurden wir fündig:

»Zugelaufen. Kartäuserkätzchen. Sehr lieb. Weiblich. Wenn sie Ihnen gehört, rufen Sie an: 749-2738.«

Sie gehörte uns nicht – jedenfalls damals noch nicht. Aber um uns die Chance nicht entgehen zu lassen, riefen wir an, um wenigstens Namen und Anschrift dort zu hinterlassen. »Wenn die Besitzer sich nicht melden, dann können Sie uns wenigstens auf die Interessentenliste setzen.«

»Was für eine Interessentenliste?« fragten uns die Leute. »Sie sind die ersten Anrufer. Können Sie nicht gleich kommen? Wir sind allergisch auf Katzen. Die Anzeige ist nun schon zwei Wochen in der Zeitung. Und wir hatten noch keine einzige Anfrage. Kommen Sie doch, und schauen Sie sich das Tier an.«

Ich ging allein hin, weil Martha sich nicht recht wohl fühlte, was sehr ungewöhnlich für sie war. Später ist mir dann klar geworden, daß dies bereits der Anfang vom Ende ihres Lebens war.

Als ich dort ankam, begrüßte mich die ganze Familie – Vater, Mutter, Sohn und Tochter. Zwei von ihnen weinten, und das Kätzchen schnurrte.

Zu meiner Überraschung stellte ich dann fest, daß es sich um eine Kreuzung zwischen Kartäuser und Manx handelte. (Das ist eine sehr seltene Kreuzung, aber das Tierchen verhielt sich typisch für eine Manxkatze. Dazu gehört eine Eigenschaft, die ich bisher noch nicht erwähnt habe: Sie gehen freudig und lebhaft auf Menschen zu.)

Man bat mich herein und begann gleich zu erklären: »Sie hat zwar keinen Schwanz, aber wir können Ihnen garantieren, daß Sie sie trotzdem mögen werden.«

Und wir schlossen sie tatsächlich in unser Herz. Martha verliebte sich sofort in die kleine Dame und die kleine Dame in Martha. Es war Liebe auf den ersten Blick von beiden Seiten aus.

»Nur eins mußt du verstehen, mein Kleines«, sagte Martha, »bei uns sind Katzen niemals Stubenkatzen gewesen.« Diese Regel gehörte tatsächlich zu unserer Hausordnung, seit wir unsere erste Katze hatten.

Wir nannten sie Dinah. Alle unsere Manxkatzen hatten biblische Namen: Phineas, Ataxerxes, Saul, Keturah, Dorcas, Mehetabel und Mary (geboren am Weihnachtstag). Und nun hatten wir eine Dinah. Der Name stammt aus der Geschichte von Lea, die ihrem Mann insgesamt sechs Söhne schenkte. Darin heißt es zum Schluß: »Und danach gebar sie eine Tochter und gab ihr den Namen Dinah« (1. Mose 30:21).

Dinah mochte sich gar nicht mit dem Hausverbot abfinden. Wochenlang schlüpfte sie bei jeder Gelegenheit ins Haus. Sie fand immer wieder ein neues Versteck, wenn wir sie fangen wollten. Da Martha aber Katzen im Haus nicht ertragen konnte, bemühte ich mich sehr, Dinah draußen zu halten. »Dinah, wir haben nun mal unsere Regeln, und deshalb wirst du ein richtiges Ärgernis. Du flitzt herein, versteckst dich. Ich greife dich, und du bist wieder draußen. So kann das nicht weitergehen! Dafür habe ich im Augenblick nicht die Kraft. Martha ist krank. Und ich kann mich einfach nicht mehr damit abgeben, Katzen hinterherzulaufen. Versteh das doch mal!«

Glauben Sie, daß Katzen mitbekommen, wenn Menschen in einer Notlage sind? Können Tiere es verstehen, wenn man ihnen signalisiert, daß man Verständnis von ihnen erwartet? Bei Dinah muß das der Fall gewesen sein. Es war geradezu herzergreifend. Von jenem Tag an saß Dinah Woche für Woche immer wieder vor unserer Haustür und schaute hinein. Dabei schien sie zu fragen: »Kommt denn keiner, um mich auf den Arm zu nehmen und mich zu streicheln?«

Was hielt sie plötzlich davon ab, bei jeder passenden Gelegenheit ins Haus zu schlüpfen? Warum wartete sie so geduldig vor der Tür?

Ein paar Wochen später wurde Martha eines Abends zum ersten Mal bewußtlos. Das war der Anfang einer Zeit voller Sorgen und Angst. Oft war sie weit, weit fort. Dann kam sie wieder zu sich, und wir schöpften neue Hoffnung. Manchmal konnten wir zusammen hoffen. Wenn sie aber wieder weit fort war, mußte ich es allein tun.

Es war an einem jener einsamen Tage, an dem Dinah die Regel brach. Als die Haustür sich öffnete, tat sie, was wir gar nicht mehr von ihr gewohnt waren: Sie kam herein. Mit ein paar schnellen Sätzen war sie in Marthas Zimmer. Und schon saß sie oben auf ihrem Bett. Sie ließ sich am Fußende nieder und fing an zu schnurren. Gibt es wohl ein beruhigenderes Geräusch als das Schnurren einer Katze?

Diesen Augenblick werde ich niemals mehr vergessen. Ja, es war ein Augenblick, der etwas Bewegendes hatte. Als ich mich zu den beiden setzte, kam Martha ganz allmählich zu sich. Sie schlug die Augen auf, schaute umher und entdeckte ihren kleinen Gast. »Kitty?!« kam es fragend oder bekräftigend? Ich weiß es nicht. Sie wandte sich mir zu und lächelte so, wie sie immer lächelte, wenn sie mir sagen wollte: »So gefällt es mir.« Dann wurde sie wieder bewußtlos. Von da an blieb Dinah auf Marthas Bett oder auf ihrem Schoß. Nur ab und zu verschwand sie kurz, um nach mir zu schauen, wenn ich nicht im Zimmer war.

»Verwandt mit aller Kreatur.« Ist das eine zu provokante Aussage? Wissenschaftler, die sich mit den Beziehungen zwischen Mensch und Tier beschäftigen, sprechen jedenfalls oft von dieser Verwandtschaft. Hat der Schöpfer alle Kreaturen mit einem Gespür für die Not anderer Lebewesen versehen? Gilt seine Fürsorge allen Lebewesen in einem Haus, also auch unseren Vierbeinern?

Marthas Lächeln, das ihr Gesicht erhellte, als Dinah auf ihr Bett gesprungen war, sprach Bände. »Die Menschen im Haus und die Katzen im Garten.« Das war nicht etwa meine Regel gewesen, sondern allein Marthas. Es war niemals ein Streitpunkt zwischen uns. Wir tolerierten einander. Unsere Streitlust haben wir uns für wichtigere Dinge aufgehoben (jedenfalls meistens).

Als sie jedoch gerade in jenem Augenblick aus ihrer Umnachtung heraus lächelte, da wußte ich, was sie damit sagen wollte: »Wir beide glauben an die Seelenverwandtschaft aller Kreatur. Und deshalb laß sie sitzen. Ich freue mich, wenn sie hier ist.«

Nachdem das Verbot abgeschafft war, diente Dinah ihrer Herrin. Tag für Tag, Nacht für Nacht und Woche um Woche war sie einfach da. Liebe kleine Katze, die du Nachtwache hältst am Sterbebett. Du bist hier und schnurrst, tröstest und segnest. Und wieder einmal spürten wir den sanften Flügelschlag eines Engels.

ELF

Gott im Unglück

Es gibt kaum etwas Erhebenderes als die Begegnung mit dem Geheimnisumwobenen ... mit den Dingen, die wir nicht zu durchdringen vermögen ... und die nur in ihren primitivsten Erscheinungen unserem Geist zugänglich sind ... Dieses Wissen und dieses Gefühl machen erst wahre Religiosität aus. In diesem Sinne bin ich ein tief religiöser Mensch.
Albert Einstein

Manchmal bin ich wütend auf Gott. Warum sendet Gott einen Engel, um mich diesmal glücklich zu machen, wenn ein andermal kein Engel erscheint, wenn kein Segen zu spüren ist und nichts als Schmerz und Verzweiflung bleiben? Warum? Das gibt doch keinen Sinn, Herr! Wenn wirklich all die Engel deinem Befehl gehorchen, wo waren sie dann, als ich sie gestern brauchte? Oder vergangene Woche? Oder vor sechs Jahren, als eine Welt für mich zusammenbrach? Zuweilen scheinen selbst die Ge-

schichten in der Bibel voll von solchen Unwägbarkei-
ten zu sein. Warum?

»Warum regnet es auf meines Onkels Farm?«

Wer Bücher schreibt, bekommt viele Leserbriefe. Das bereichert das Leben. Aber manchmal wird man auch von so vielen Fragen überfordert. Einen Brief erhielt ich von Shelly, einer Studentin aus Nebraska. Es ist manchmal ganz schön heiß und trocken in diesem Staat der Maisbauern. In jenem Jahr war es besonders dramatisch. Der Mais war auf den Feldern verdorrt. Was sollte man da dem Vieh füttern? Shelly schrieb mir unter anderem:

> Ich las Ihr Buch »Der Storch ist tot«, und es hat mir sehr viel gegeben. Ich erfuhr, daß Sie Pastor sind. Deshalb schreibe ich Ihnen, was mich sehr beschäftigt. Dieses Jahr ging es uns gar nicht gut auf unserer Farm, weil es überhaupt nicht geregnet hat. Mein Vater weiß nicht, wie er die Rechnungen und die Kredite von der Bank bezahlen soll. Alle Farmer machen sich große Sorgen.
>
> Zu Hause sind wir eigentlich eine ganz ordentliche Familie. Wir gehen in eine Gemeinde, meine Mutter singt im Chor, und mein Vater ist Diakon. Meine Eltern tun viel Gutes. Sie pflanzen mehr Getreide und Gemüse an, als wir selber verbrauchen. Den Rest verteilen sie an arme Leute.

Was mich aber am meisten bedrückt, ist die Frage, warum es ausgerechnet auf meines Onkels Farm regnet? Er wohnt nur 70 Meilen von uns entfernt, und seine Ernte sieht prächtig aus. Ich sollte das vielleicht nicht sagen, aber mein Onkel ist geizig. Ich weiß gar nicht, wie meine Tante ihn erträgt. Er ist so gemein zu ihr. Er ist auch gemein zu meinen Cousinen. Niemand kann ihn ausstehen. Er flucht viel, und zur Gemeinde kommt er auch nicht. Ich bin sicher, daß er gar nicht an Gott glaubt. Warum bekommt also er den ganzen Regen ab und wir nicht? Verstehen Sie meine Frage? Glauben Sie, daß das fair ist? ...

So fuhr sie fort in ihrer Verbitterung.

Nein, Shelly, ich glaube nicht, daß das fair ist. Ich weiß auch, was du mit deiner Frage willst. Ich habe oft erlebt, daß schlimmen Leuten Gutes widerfährt. Und ich wundere mich jedesmal darüber. Ich habe andererseits auch miterlebt, wie gute Menschen Schreckliches erfahren mußten. Und wenn ich die Welt regieren würde, würde ich sicher dafür sorgen, daß es auf eurer Farm regnet.

Das einzige Wort, das mir in diesem Zusammenhang einfällt, ist Geheimnis. Wir haben es mit einem Rätsel zu tun, das niemand je gelöst hat. Wenn wir nach den Ursprüngen dieses Geheimnisses suchen, müssen wir sicher zurückgehen zum Anbeginn der Zeit. Begegnen tun wir ihm bereits im Alten Testament bei Hiob.

Das Buch Hiob ist die Geschichte eines guten Menschen, der seinen Hof, sein Vieh, sein Vermögen, seine Gesundheit und – was wohl am meisten zählt – seine nächsten Angehörigen verlor. Und obwohl er so manches Mal zweifelte und zürnte, so gab er doch seinen Glauben an Gott nie auf. Die Geschichte endet dann mit dem versöhnlichen Wort: »Und der HERR segnete das Ende Hiobs mehr als seinen Anfang« (42:12).

Das, so meine ich, wird jeder erfahren, der nicht bereit ist, seinen Glauben aufzugeben. Wir brauchen schon einen starken Glauben, wenn wir trotz all der Mühsal im Leben von der ewigen Güte Gottes überzeugt bleiben wollen. Manchmal kommen wir durch schwere Zeiten schon hier auf der Erde zu wertvollen Erkenntnissen. Aber oft werden wir die Antwort auf unsere Frage erst bekommen, wenn wir im Himmel sind.

Die Bibel sagt: »Er läßt seine Sonne aufgehen über Böse und Gute und läßt regnen über Gerechte und Ungerechte« (Matthäus 5:45). Eines Tages, wenn wir im Himmel sind, können wir den Herrn fragen, warum er bestimmte Dinge so macht und nicht anders. Und wenn wir seine Antwort gehört haben, werden wir wohl ausrufen: »Jetzt staune ich aber. Auf einen so einleuchtenden Grund wäre ich nie selber gekommen.«

»Warum gerade meine Studienbibel?«

*V*ier mal vier Meter – das ist beileibe kein großes Zimmer. Aber es war der ideale Raum für mich. Mitarbeiter der Gemeinde hatten das Häuschen bei uns auf dem Hof errichtet. Sie hatten selbst Hand angelegt, und es war sehr ordentlich geworden. Schreibtisch, Aktenschrank, Bücherregale und ein sogenannter Chefsessel mit Wippe zum Wohlfühlen standen darin. Es war ganz aus Zedernholz gebaut, mein kleines Refugium. Und an mein Wohlbefinden sowohl im Sommer als auch im Winter hatten sie auch gedacht. Oben, fast an der Decke, war eine gut arbeitende kombinierte Klimaanlage für Heizung und Kühlung eingebaut.

Sie hatten das alles aus Fürsorge für ihren jungen Pastor getan. Die Gemeinde wuchs so stark. Und neben dem Predigtdienst schrieb er auch noch Bücher. Wäre es da nicht schön, wenn er einen Ort zum Zurückziehen hätte, ein Refugium ohne Telefon, in dem er während der Dienstzeit ungestört schreiben könnte?

Das war sehr fürsorglich gedacht. Aber niemand konnte ahnen, was das für ein Unglück heraufbeschwor.

Viele gläubige Christen haben ihre ganz persönliche Studienbibel mit unzähligen Notizen direkt im Text. Es befinden sich Lesezeichen an speziellen Stellen, und alle möglichen Markierungen mit Bleistift oder farbigen Markern heben bestimmte Verse hervor.

Stellen Sie sich einmal vor, Ihre ganz persönliche Studienbibel würde zerstört werden. Das wäre ein Unglück, nicht wahr? Ich könnte Ihnen nachfühlen, denn genau das ist mir passiert in meinem kleinen Refugium. Klimaanlagen sind ja so konstruiert, daß sie das sich ansammelnde Wasser nach außen entleeren. Doch ohne ein Warnzeichen trat ein Fehler in meiner Anlage auf. Etwas blockierte den Abfluß, so daß alles Wasser innen die Wand hinunterlief, den Fußboden überflutete und – oh, großes Unglück – meine Bibel völlig durchnäßte. Sicher hätte ich ein so wertvolles Buch nicht direkt unter einer Klimaanlage ablegen dürfen. Aber ich hatte gerade diese Stelle aus gutem Grund gewählt. Ich lasse meine Bibel gern aufgeschlagen liegen, so daß ich jederzeit einen Blick auf all die farbigen Markierungen werfen kann. Es macht mir Spaß, ab und zu nachzuschauen, was wohl hinter diesem Fragezeichen und jenem Ausrufezeichen für ein Gotteswort stecken mag.

Wir alle haben wohl solche Katastrophen erlebt, wenn etwas, was uns besonders wertvoll war, unwiederbringlich verlorengegangen ist. Es war sicher einer der schrecklichsten Augenblicke meines Lebens, als ich die Tür öffnete und meine Bibel in einer Wasserlache liegen sah.

Rote, gelbe, blaue und grüne Markerfarbe quoll zwischen den Seiten hervor und mischte sich zu ganz neuen Farbtönen. Die Seiten waren so durchnäßt, daß sie sich teilweise gar nicht mehr trennen ließen. Ich werde nie erfahren, wie lange die Bibel schon im Wasser lag. Drei Tage war ich fort gewesen.

Die Experten sagen, daß es nach großen Verlusten ganz wichtig ist, eine Zeit der Trauer zu haben. Doch sollte diese Zeit auch nicht allzu lange sein. Ich trauerte. Und ich tat es viel zu lange. Aber stand mir eine solch verlängerte Periode des Trauerns nicht zu, in der ich schmollen, weinen und Gott nach dem Warum fragen konnte?

Schließlich waren in meiner vernichteten Bibel Anmerkungen und Kommentare aus vier Jahren Collegebesuch. All die Weisheit meines so geschätzten Tutors (der so gern über Engel sprach) und all seine darin festgehaltenen Gedanken waren für immer ausgelöscht worden. Auch meine Notizen vom Bibelseminar. »Wer hat Ach, wer hat Weh..., wer trübe Augen?« Die Bibel sagt (Sprüche 23:29-30), daß derjenige klagt, der zu lange beim Wein verweilt. Ich aber kann aus Erfahrung sagen, daß auch derjenige »Weh und Ach hat«, der zu lange in der Trauer um seine durchnäßte Bibel verharrt.

Doch eines Tages gab ich mir einen Ruck, und ich spürte, wie ein frischer Geist über mich kam. Eine Idee war aus meinem tiefsten Innern geboren.

»Warum kaufst du dir keine neue Bibel, Charlie, um dein liebgewonnenes Stück, das verloren ist, zu ersetzen? Rette, was du retten kannst. Dann hast du Zeit, all die Wege noch einmal zu gehen, die du schon einmal gegangen bist. Mach neue Notizen, streich neu an – rot, gelb, blau und grün. Auf diese Weise wirst du eines Tages deine Bibel doppelt so gut kennen.

Waren Engel am Werk in meiner Geschichte von der durchnäßten Bibel? Ich weiß es nicht. Wenn ich zurückblicke auf meine 78 Lebensjahre, dann wird mir eins klar: Selbst die Erlebnisse, die kaum zu ertragen waren, haben immer auch irgendeinen Segen mit sich gebracht.

Meinen Sie nicht auch, daß einige Engel extra dafür abgestellt sind, Samen der Hoffnung in unser Leben zu streuen, wenn es am hoffnungslosesten scheint? Ich denke, daß es diese Engel geben muß.

In den dunkelsten Augenblicken Ihres Lebens haben vielleicht auch Sie ihn gespürt, den sanften Flügelschlag eines Engels. Und das kaum wahrnehmbare Wehen hat Sie getröstet und Ihnen Mut gemacht. Sie haben einen Blick dafür bekommen, was Sie Gutes aus Ihrer schlimmen Lage machen können und wie sich Niederlagen doch noch in Siege verwandeln lassen.

»Warum verlor ich meine Stimme?«

*D*as Altern hat durchaus auch seine Vorteile. Man hat eine gewisse Reife erreicht, man kann Rückschau halten, und es werden einem dabei viele Zusammenhänge klar. Es gab Höhen und Tiefen, mal hat man richtig gelegen, mal falsch, und manchmal ist man im Kreis gegangen. Sicher gibt es immer auch unerfreuliche Erinnerungen. Doch wenn Sie ein gläubiger Christ sind, dann wissen Sie, an wen Sie sich wenden können mit Ihrer zeitweiligen Melancholie. Wenn Sie den Herrn gesucht haben mit Ihrem Problem, dann können Sie unbeschwert weit ins Land schauen, das Ihr Gestern war, und schmunzeln und lächeln. Sie können auch lauthals lachen, ein bißchen weinen und den Herrn preisen für all seine Segnungen.

Es gab ein Ereignis in meinem Leben, das an Dramatik kaum zu übertreffen war. Ich dachte damals, nun sei mein Ende gekommen. Ein junger Pastor hatte einen Tumor am Kehlkopf. Und dieser Pastor war ich.

Die Ärzte sagten: »Wir können ihn entfernen. Und wir sollten es auch unbedingt tun. Aber selbst wenn er gutartig ist, kann der Eingriff am Kehlkopf Ihre Stimmbänder beschädigen. Das würde dann Ihre berufliche Laufbahn als Prediger beenden.«

Was kann ein Prediger ohne Stimme noch tun? Vielleicht hätte ich noch Zimmermann werden können. In der Oberschule war Holzwerken mein Lieblingsfach.

Mein Lehrer hatte öfter seinen Arm um mich gelegt und gesagt:»Charlie, Gott hat dir eine besondere Begabung für den Umgang mit Holz geschenkt.« Er hatte recht. Ich arbeitete zu gern mit Holz und mit den entsprechenden Werkzeugen. Mir machte es Spaß, Dinge zusammenzufügen und Gegenstände nach eigenem Entwurf herzustellen.

Vielleicht hätte ich auch Farmer werden können. Die Feldarbeit und der Umgang mit Tieren liegt mir. Aber wer hatte damals während der großen Depression schon Geld, um sich in der Landwirtschaft selbständig zu machen? Mit meinen Schulden durch die siebenjährige Berufsausbildung war ich schon gar nicht dazu in der Lage. Ich hätte noch als Tankwart, als Verkäufer oder als Postbote arbeiten können. Aber hätte ich nicht überall meine Stimme gebraucht?

Es mußte jedenfalls etwas geschehen. Und so fuhren wir nach Omaha in die Klinik. Ich erinnere mich noch gut, welchen Vers wir an jenem Morgen auf dem Weg zum Krankenhaus aufschlugen. Es war Psalm 34:5:»Ich suchte den HERRN, und er antwortete mir; und aus allen meinen Ängsten rettete er mich.« Es ist ein wunderbarer Vers, aber ich konnte damals nicht nachempfinden, was er aussagte. Charlie hielt stur an seinem Selbstmitleid fest.

Was mir dann nach dem Eingriff mitgeteilt wurde, klang gar nicht schlecht. Gibt es etwas, was lieblicher klingt in unseren Ohren als:»Es ist nicht bösartig.«? »Aber«, sagte der Chirurg noch, »wir mußten ziemlich tief schneiden. Die Prognose ist noch nicht ganz sicher. Mit einem so geschwächten Kehlkopf müssen Sie damit rechnen, daß Sie Ihre Stimme doch noch verlieren.« Das ist glücklicherweise nicht passiert. Nur ab und zu hatte ich Ausfälle. Noch Wochen danach konnte ich manchmal keinen Ton herausbringen. Mir stand eine Zukunft ohne Stimme und ohne festes Einkommen bevor. Das war eine schlimme Zeit.

Da ich meine Stimmbänder schonen mußte, verbrachte ich viele Stunden in meiner Werkstatt. Ich plante, entwarf und baute Möbelstücke, die man eventuell verkaufen konnte. Ich arbeitete viele Stunden an meiner Werkbank. Es war ein großer Tag für mich, als ich den Entwurf für eins meiner Projekte für gutes Geld verkaufen konnte. Ich schrieb in Fachpublikationen kurze Artikel zu meinen Entwürfen. Eines Tages kam mir eine ganz neue Idee. Warum sollte ich nicht auch zu anderen Themen etwas schreiben können? Ich ging zu meinem Zeitungsstand. Mrs. Fowler war die Inhaberin, und wir hatten uns angefreundet. Gott segne ihren Ideenreichtum. Mrs. Fowler sagte zu mir: »Ich will Ihnen gern dabei helfen, ein Artikelschreiber zu werden, Charlie. Setzen Sie sich hier auf den Boden und lesen Sie, was Zeitungsverleger für Texte haben wollen. Machen Sie sich Notizen, schreiben Sie sich Adressen auf und notieren Sie sich die Namen von Herausgebern. Schreiben Sie ein paar Briefe und fragen Sie an, ob sie an den Themen interessiert sind, über die Sie schreiben wollen.«

Danke, Mrs. Fowler! Ich habe getan, was Sie angeregt haben. 55 Artikel verkaufte ich gleich zu Anfang. Was machte es da, daß auf einen angenommenen Artikel elf Ablehnungen kamen! Na und! Heißt es in der Bibel nicht auch: »Laßt uns aber im Gutestun nicht müde werden, denn zur bestimmten Zeit werden wir ernten, wenn wir nicht ermatten« (Galater 6:9).

Dann schrieb ich Bücher. Zwei davon wurden sofort Bestseller. Das bedeutete, daß ich nun genug Geld bekam, um meine kranke Kehle schonen zu können. Aber ich hatte jetzt auch Mittel, um auszuteilen. Wir waren der Meinung, daß es richtig sei, eine Stiftung zu errichten, die sich in der Entwicklungshilfe, vor allem an landwirtschaftlichen Projekten, beteiligt, Vieh aufkauft und sich für die Hungernden einsetzt. Plötzlich waren wir weltweit engagiert.

Das ist allerdings kein Anlaß zum Stolz. Wir haben vielmehr allen Grund, den Herrn zu preisen.

Danke, himmlischer Vater, daß du einen Kehlkopftumor benutzen kannst, um daraus eine Schriftstellerkarriere zu machen. Danke, daß aus einer Schriftstellerkarriere ein missionarischer Dienst werden konnte. Schreib es mir ins Herz und laß es mich tief darin immer glauben, daß du bereit bist,

Kopfschmuck statt Asche zu geben,
Freudenöl statt Trauer,
ein Ruhmesgewand statt eines verzagten Geistes.
Jesaja 61:3

»Warum diese peinliche Lage?«

$\mathcal{M}$anche Erlebnisse, die uns im Augenblick als großes Unglück erscheinen, erweisen sich im Nachhinein als eher belanglos. Eines Tages lächeln wir nur noch darüber und sagen: »So manches Mißgeschick war letztlich gar nicht so schlecht.«

So sehe ich heute als 78jähriger meine Ringerkarriere an der Oberschule.

Beim Wettkampf des CVJM in Iowa wurde ich vor mehr als sechzig Jahren sogar Meister! Ich war Meister im Hinfallen. Niemand bei den Ausscheidungskämpfen wurde so oft auf die Matte geworfen wie ich. Oft lag ich schon nach zwölf Sekunden auf dem Rücken im Schwitzkasten.

Ich habe im Laufe der Jahre an diesen Ausscheidungskämpfen des Staates Iowa immer wieder teilgenommen. Und dann stand er wieder über mir, Tub Wright, mein Gegner. Er streckte die Hände in die Höhe und war wieder einen Schritt näher dem Stipendium für die großen Eliteuniversitäten. Ich aber lag beschämt am Boden.

Meine Oberschule bot keine Ringkurse an. Deshalb mußte ich zum CVJM in die nächste Stadt. Das bedeutete lange Busfahrten, endlose Übungsstunden und immer wieder Fitneßtraining. Es ist schon so lange her seit meiner Niederlage, und doch erinnere ich mich an diese Augenblicke, als seien sie erst ein paar Sekunden her.

Tub war ein kräftig gebauter Farmerssohn aus Südiowa. Er war eigentlich ein netter Kerl. Im darauffolgenden Sommer auf dem CVJM-Camp unternahmen wir vieles gemeinsam. Wenn wir alle abends beisammensaßen, zogen wir beiden uns um und zeigten die »Tub und Charlie Show«. Das bereitete den Anwesenden viel Vergnügen, von denen viele ja begeisterte Ringkampfanhänger waren. Auch mir machte es Spaß. Manchmal gewann Tub und manchmal ich. Das half meinem Ego wieder ein bißchen auf die Beine. Doch die schlimmen Erinnerungen an die verlorenen Meisterschaften wurde ich trotzdem nicht mehr los.

Welche charakterformenden Erfahrungen konnte ich durch diese Niederlagen machen? Was war mein Gewinn?

- Ich konnte mich von nun an in alle Verlierer und Ausgelachten hineinversetzen.
- Ich lernte jene zu respektieren, die ein bißchen oder (finde dich damit ab, Charlie) sehr viel besser waren als ich.
- Mir wurde endgültig klar, daß ich nicht immer gewinnen konnte im Leben und es auch gar nicht mußte.

Gratuliere, Tub! Du warst in jenem Jahr Meister von Iowa. Und ich verneige mich vor dir. Heute aber weiß ich: Weil der Herr uns liebt, kann er auch eine Demütigung beim Ringkampf zu unserer Charakterschulung verwerten.

Danke, Herr, für alles, was uns begegnet – plötzlich, dramatisch und unvergeßlich. Ich danke dir aber auch dafür, daß so mancher Segen ganz gemächlich und vorausschaubar daherkommt wie ein Ochsenkarren über die Höhen und Tiefen unserer Zeit. Amen.

Auch Jesus fragte nach dem Grund

»**W**o warst du, Vater, als ich in meinem Schmerz zu dir betete und keine Antwort bekam? Nichts als Totenstille. Kein Beistand. Niemand war da – kein Mensch und auch kein himmlisches Wesen. Die Wunder blieben aus. Nur Todesangst, Tränen und tiefe Finsternis der Seele. Finster der Tag und finsterer noch die Nacht. Fragen, die zu Schreien werden und im Seufzen enden. Wo bist du, Vater? Wo bist du gewesen mit deiner Erlösung?«

> *Mein Gott, mein Gott, warum hast du mich*
> *verlassen?*
> Matthäus 27:46

Du hast die Stacheln des Verlassenseins gespürt, die Dornen der Hilflosigkeit und das Kreuz der Verzweiflung. In der Finsternis deines Grabes hast du an dem Gott gezweifelt, der solches Leid zugelassen hat.

Aber Preis sei seinem heiligen Namen. Haben wir nicht tief in unserer Seele die Verkündigung des Auferstehungsengels vernommen, die uns allen gilt: »Er ist nicht hier, denn er ist auferstanden!« (Matthäus 28:6).

ZWÖLF

Wie bleiben Engel unsere Freunde? – Teil eins

Es gibt einen Schlüssel dazu,
daß Engel unsere Freunde bleiben.

Für mich ist dieser Schlüssel
das größte Geheimnis aller Zeiten:

DER IN UNS WOHNENDE CHRISTUS.

Das Mahl mit dem Herrn

Zu den Bibelstellen, die mich immer ganz besonders angesprochen haben, gehört Offenbarung 3:20: »Siehe, ich stehe vor der Tür und klopfe an; wenn jemand meine Stimme hört und die Tür öffnet, zu dem werde ich hineingehen und mit ihm essen, und er mit mir.«

Es ist ein so schlichtes Wort. Wenn man sich in biblischer Zeit zum Essen verabredete, dann war damit meistens das Abendessen gemeint. Wir laden ihn also zum Abendessen ein.

Was für ein netter Gast. Nach dem Segensgebet erkundigt er sich nach unserem Befinden. Er ist höflich und zurückhaltend. Doch nachdem wir mit dem Essen fertig sind, wo ist da plötzlich der Anstand geblieben?

Er steht nämlich auf und sagt:»Ich möchte mich ein bißchen umsehen.« Und er macht sich auf den Weg. Haben Sie schon einmal solch einen Gast gehabt? Er lupft den Teppich. Staub! Ist es der Staub von dieser Woche? Von voriger Woche? Oder vom letzten Monat?

Ohne zu fragen, betritt er das Schlafzimmer. O Schreck! Er zieht die Schubladen auf, schaut im Kleiderschrank nach und unter der Matratze. Wie peinlich. Wir haben ihn doch eigentlich nur zum Abendessen eingeladen.

Wir können es kaum glauben. Er schickt sich an, auf den Dachboden zu klettern. Dachböden würden ihn faszinieren, sagt er. Alte Truhen, Liebesbriefe, Steuererklärungen, Zeitschriften. All die Dinge, die niemand außer uns zu Gesicht bekommen sollte.

»Jetzt aber wollen wir noch in den Keller gehen. Nichts ist interessanter in einem Haus – besonders der Abstellraum.« Schon sind wir dort. Schachteln mit Etiketten: »Allgemeine Erinnerungen«, »Wertvolle Erinnerungen«, »Erinnerungen, die wir lieber vergessen sollten«. Das geht aber langsam ein bißchen zu weit. Was mischt er sich in persönliche Dinge ein?

»Komm, Herr, wir haben den Nachtisch noch nicht gegessen!«

»Nein, danke. Heute abend nicht.«

Und plötzlich ist er verschwunden.

Für immer? Nein, er ist nur gegangen, um uns Zeit zum Nachdenken zu geben. Worüber sollen wir denn nachdenken? Wir sollen uns die ganze Tragweite seiner Ankündigung bewußt machen: »Ich stehe vor jeder Tür und lasse keine aus. Ich klopfe überall an – beim Bewußtsein und Unterbewußtsein, beim Ich, beim Über-Ich und beim Es. Ich lasse nichts aus und lasse keine Ausflüchte gelten.«

Unser Herr will alles oder nichts. Er will 100% von uns. Und das ist sein Anspruch:

Wenn ich eintrete,
will ich überall Zugang haben
und überall wohnen können.

Was habe ich davon?

»Aber wenn ich dem Herrn alles gebe, was ich habe, was bleibt dann noch für mich übrig?«

Hier fragt einer ganz unverblümt. Aber ich höre diese Frage oft, wenn wir über das Leben als Christ reden. Meistens wird sie allerdings etwas vorsichtiger formuliert. Aber die Bedenken, die da bestehen, sind immer herauszuhören. Und sie sind ja zunächst auch nicht ganz von der Hand zu weisen. Sollen wir Christus tatsächlich in jedes Zimmer lassen? Sollen wir tatenlos zusehen, wie er die Möbel verrückt und alles nach eigenem Gutdünken einrichtet? Und schließlich, weil er darauf besteht, sollen wir ihm auch noch das Grundstück übertragen? Jetzt gehört uns auch unsere Seele nicht mehr. Sie gehört nun ganz ihm.

Ist das das christliche Leben? Bedeutet es, daß ich ihm alles übereigne? Was bekomme ich dafür? Was habe ich davon?

Hier ist die Antwort. An keiner anderen Stelle der Bibel bekommen wir sie so zusammengefaßt wie im Galaterbrief (5:22-23): »Die Frucht des Geistes aber ist: Liebe, Freude, Friede, Langmut, Freundlichkeit, Güte, Treue, Sanftmut, Enthaltsamkeit.«

Man kann einmal nachschlagen, welche zusätzlichen Begriffe bei verschiedenen Bibelübersetzern auftauchen. Die Mühe lohnt sich. Denn jeder dieser Gelehrten schreibt, was er unter dem Begriff im Grundtext versteht.

Geduld
Gutheit
Glaube

Demut
Selbstbeherrschung
Gütigkeit
Beständigkeit
Milde
Keuschheit
Das ist die Antwort, die wir unmittelbar der Schrift entnehmen können, wenn wir fragen: »Was habe ich davon?«

Aber gibt es nicht noch eine weitere Antwort? Es ist so schön, daß wir auch sie geben können.

Die Engel, die Gott dienen, werden uns häufig begegnen, wenn Christus wirklich Wohnung in uns genommen hat!

Und die Pfeifen waren wieder da

Er will alles?
Aber er wird doch nicht von uns verlangen,
daß wir auch noch unsere liebgewordenen
kleinen Laster aufgeben?
Oder sollte er doch?

*W*enn Sie einmal die USA bereisen und zufällig die Ostküste entlangkommen, sollten Sie auf Jekyll Island, einer kleinen Insel im Atlantik, eine Rast einlegen. Sie liegt nur ein paar Meilen von der Küste entfernt. Es ist auf jeden Fall ein lohnenswerter Abstecher. Auf der Insel befindet sich ein sehr gepflegter Nationalpark. Zu sehen bekommen Sie das restaurierte »Old Millionairs' Hotel and Cottage«. Wie wäre es, einmal so fürstlich zu wohnen?

Auf Jekyll Island gibt es herrliche Golfplätze, extra angelegte Routen für Fahrradtouren und schöne Spazierwege. Das Wild lebt in riesigen Freigehegen. Und die endlosen weißen Strände laden zu ausgedehnten Spaziergängen ein. Unter den Füßen knirschen Muscheln, und hoch oben ziehen Pelikane ihre Kreise. Am Strand liegt knorriges Treibholz, und auch Schildkröten trifft man hier an. Da setzt man sich gern ein Weilchen nieder, um übers Meer in die Unendlichkeit zu schauen.

Aber die faszinierendste Attraktion auf Jekyll Island ist wohl die Ausstellung »Gesichter Christi« in der Jekyll Community Presbyterian Church.

Haben Sie sich nicht auch schon so manches Mal gefragt, wie Jesus wohl ausgesehen haben mag? Niemand weiß es. Doch es gibt einem sehr viel, wenn man in der Stille dieses Raumes alle möglichen Varianten auf sich wirken läßt.

Da ein lachender Christus, und dort einer mit der kämpferischen Miene eines Footballspielers. Dort ein Christus im Arbeitskittel, und hier wieder einer im feinen Anzug. Ein schwarzer Jesus, ein indianischer Jesus und ein asiatischer. Es stimmt nachdenklich, sie alle zu betrachten. Es sind Zeichnungen und Gemälde, aber auch Skulpturen aus Stein, Metall und Holz. Auf jeden Fall ist diese Ausstellung eine Erbauung für Seele und Geist.

Ich muß es ja wissen, denn diese Ausstellung geht auf meine Initiative zurück. Ich war junger Pastor einer sich rasant entwickelnden Gemeinde in Houston, Texas. Eines Tages hielt ich mich in der Bilderabteilung einer christlichen Buchhandlung auf. Abbildungen von interessanten Gesichtern haben mich schon immer fasziniert. Unter den verschiedenen Porträts von Jesus entdeckte ich eins, das ich in seiner Art noch nie gesehen hatte. Ich nahm es in die Hand und schaute es mir eine Weile an. Doch als ich es weglegen wollte, erlebte ich wieder dieses »Handphänomen«, wie ich es nenne. Da es mir schon öfter im Leben begegnet war, wußte ich, daß es auch diesmal wieder ein Zeichen war. Manchmal nur für Sekunden, manchmal aber auch für Minuten scheinen meine Hände zu erstarren, so als wollten sie mich auf etwas aufmerksam machen: »Warte!« Und dann halte ich still und lausche in mich hinein. Und gewöhnlich höre ich dann tief drinnen eine leise Stimme. Ist es die Stimme des Herrn oder eines Engels? Diesmal, mit dem Bild in Händen, hörte ich jemand sagen:

Wie wäre es, Charlie, wenn du eine Sammlung »Die Gesichter Jesu« beginnen würdest. Dieses Bild könnte dein erstes sein.

Am nächsten Sonntag erzählte ich meiner Gemeinde, was ich vorhatte, und ich lud die Zuhörer ein, sich zu beteiligen. »Wenn Sie ein schönes Porträt von Jesus haben, können Sie es für eine gewisse Zeit zur Verfügung stellen. Wir werden die Bilder aufhängen und uns gemeinsam daran freuen.« Ich hatte damals ein sehr großes Arbeitszimmer mit viel Platz an den Wänden. Viele brachten ihre Bilder, und ich hing meins dazu. Weil aber so viele kamen, fanden sich Mitglieder, die das Ganze organisierten. Alle drei Monate wurde umgestaltet. Es wurden neue Bilder aufgehängt und die, die schon länger gehangen hatten, an ihre Eigentümer zurückgegeben. Zuweilen gab es auch Sonderausstellungen. Tag für Tag hatte ich nun diese Porträts vor Augen. Jesus schaute mich an. Und jedes Gesicht schien ein bestimmtes Charaktermerkmal widerzuspiegeln: Wahrhaftigkeit, Freundlichkeit, Mut, Humor, Liebe, Geduld, Barmherzigkeit, Opferbereitschaft, Hingabe und Bereitschaft zum Verzicht. Und gerade die letzten drei Eigenschaften waren es, die mich eines Tages meine Pfeifensammlung gekostet haben.

Zu meinen schönsten Ablenkungen damals gehörte es, daß ich Pfeife rauchte. Ich weiß gar nicht, wie ich dazu gekommen war. Aber Tabak und Pfeifen hatten mich eigentlich schon immer fasziniert. Vielleicht geschah es damals, als ich meine Frau kennenlernte und es mir ein Vergnügen war, meinen dänischen Schwiegervater mit seinen Pfeifen hantieren zu sehen. Fast andächtig reinigte er sie, stopfte sie, zog genüßlich daran und blies mit einigem Geschick fast kreisrunde Ringe aus Rauch in die Luft.

Ich hatte mir etwas angewöhnt, was mir sehr viel Spaß machte. Und die Pfeifenraucher in meiner Gemeinde versorgten mich regelmäßig mit neuen Pfeifen und ausgesuchten Tabaksorten.

Eines Tages, als ich wieder einmal die verschiedenen Gesichter Jesu auf mich wirken ließ, geschah es. Aus dem tiefsten Winkel meines Herzens hörte ich die Stimme:
»In welchem der Gesichter würde sich eine Pfeife gut machen?«
Von diesem Augenblick an war mir eigentlich klar, daß ich mich von meinen Pfeifen trennen sollte.
Aber doch nicht gleich, oder?

Schon mehrere Sommer hatten wir unsere Ferien am Playmore Beach von Rocky Mount verbracht, einem stillen Ferienort am Ozark-See. Lauschige Buchten, Anlegestellen für Dampfer und ideale Badestellen – all das fanden wir dort vor. Und ich hatte auch diesmal wieder meine Pfeifen mitgebracht. Ich sagte zum Herrn: »Du weißt ja, ich habe es eigentlich aufgegeben. Aber jetzt habe ich doch Urlaub. Die Bilder in meinem Büro sind weit weg und auch die Jugendlichen, die ich beeinflussen könnte. Was kannst du gegen ein gemütliches Pfeifchen hier draußen haben?«
Ich holte also meine Pfeifentasche hervor und machte eine nach der anderen zurecht. Dabei wurde mir plötzlich ganz bewußt, wie ich jede einzelne in meinen Händen hielt. Und die Hände erinnerten mich an die Art, wie der Herr mich gewöhnlich auf etwas aufmerksam machte – meine erstarrenden Hände. Und eine leise Stimme sagte mir: »Leg sie aus der Hand!«

Nun war es Zeit »Nägel mit Köpfen« zu machen. Der Herr und ich waren uns einig, und ich tat, was er sich gedacht hatte.

Eines Morgens nahm ich meine geliebte Pfeifentasche mit all den wunderschönen Stücken darin und ruderte auf den See hinaus. Mindestens eine halbe Meile war ich von unserem Ferienhaus entfernt, als ich die Tasche andächtig in die Hand nahm, um sie sogleich neben mir ins Wasser gleiten zu lassen. »Lebt wohl, ihr armen Dinger. Ich tue es für den Herrn. Auf Nimmerwiedersehen. Ruht in Frieden.«

Doch sie dachten gar nicht daran.

Was glauben Sie, wo ich sie am nächsten Morgen fand? Sie waren an Land gespült worden – direkt vor unserem Ferienhaus!

Hundert Ferienhäuser standen in der Gegend, und vor jedem hätten sie stranden können. Eine halbe Meile hatten sie sich auf den Wellen treiben lassen, bevor sie sich entschlossen, wieder nach Hause zu kommen.

Sie können sich vorstellen, daß wir lange diskutierten an jenem Tag, Martha und ich. Sie wußte, wie sehr ich meine Pfeifen liebte und wie gern ich sie behalten hätte. Sie mochte sie ja auch. Sie erinnerten sie an ihren Vater. Nun hatte ich wieder Argumente. Konnte ich sie nicht als Erinnerungsstücke an dieses unglaubliche Ereignis behalten? Konnte ich mich vielleicht doch falsch entschieden haben? War ich übereifrig und zu fromm gewesen mit meinen Jesus-Portraits?

Ich diskutierte und debattierte, kam aber immer wieder zurück auf jene drei Worte: Opferbereitschaft, Hingabe und Bereitschaft zum Verzicht.

Am nächsten Morgen ruderte ich noch in der Dämmerung wieder hinaus auf den See. Diesmal begleitete mich Martha, um mir beizustehen. Sie hielt mir die eine Hand, während ich mit der anderen eine Pfeife nach der anderen ergriff, um jeden einzelnen meiner alten Freunde ins

Wasser gleiten zu lassen. Ich schaute ihnen nach, wie sie in der Tiefe des Sees versanken.

»Bitte, Herr. Diesmal gehören sie dir ganz.«

Die Gesichter Christi hatten erreicht, was sie bei mir bewirken sollten.

Heute werden die »Gesichter Christi« in einem extra dafür errichteten Gebäude ausgestellt.

Wenn Sie einmal nach Georgia kommen und einen Abstecher nach Jekyll Island machen, um die dortige Gemeinde der Presbyterianer zu besuchen, dann möchte ich Sie jetzt schon warnen: Wenn Sie die Botschaft all dieser verschiedenen Gesichter auf sich wirken lassen, werden Sie anders gehen als Sie gekommen sind.

Dies ist unveränderlich sein Gebot an uns:

Ich will alles, was du zu geben in der Lage bist.

DREIZEHN

Wie bleiben Engel unsere Freunde? – Teil zwei

Als Petrus sein Schwert zog, um damit Probleme zu lösen, forderte Jesus ihn auf, dies zu unterlassen: »Wenn ich die Hilfe nötig hätte, die du mir anbietest, dann könnte ich gleich zwölf Legionen Engel herbeirufen, und sie wären augenblicklich hier.«

So ist der Herr, der in uns wohnen möchte.
Wenn er unser Herz einnehmen darf,
dann will nur er darin bestimmen.

Drei Stützen

*E*s gibt immer wieder Freunde, die behaupten tatsächlich, das Leben mit dem innewohnenden Christus
sei problemlos. Man lädt ihn ein, übergibt ihm die Schlüssel, er übernimmt sie, und alles ist in Ordnung.

Bei mir ist das nicht so. Jedesmal, wenn ich die Schlüssel wiederhaben möchte, händigt er sie mir wieder aus.
Augenblicklich ist er verschwunden, und ich bin wieder
Herr im Haus. Was kann ich also tun, damit meine
persönliche Hingabe mehr Beständigkeit bekommt?

Es gibt drei entscheidende Stützen, die mir dabei helfen. Meine Aufzählung gibt keine bestimmte Rangord-
nung wieder. Diese drei Stützen sind vielmehr Teil eines
Ganzen.

DIE ERSTE STÜTZE – DAS BUCH

Je eifriger ich die Bibel lese, desto intensiver spüre ich,
wie Gott meine Seele durchdringt, um in mir und durch
mich zu wirken. Auch reagiere ich sensibler auf jeden
sanften Flügelschlag eines seiner Engel, der zu mir
kommt, um mich zu segnen und zu gebrauchen.

Lesen, studieren, nachdenken. Von der Genesis bis zur
Offenbarung geht meine Pilgerreise durchs Alte und Neue
Testament. Und indem ich dieses Land durchwandere,
lerne ich, wie Gott handelt. Ich erfahre, was er bei anderen
erreicht hat. Aber was noch wichtiger ist: Ich begreife
plötzlich, was er an ganz gewöhnlichen Menschen wie mir

alles vollbringen kann. Mir wird vor Augen geführt, wie sehr er sich danach sehnt, mit mir zusammenzuarbeiten.

Ich bin zwar den Bibelforschern dankbar für alles, was sie mich gelehrt haben, doch im Grunde bin ich ein Mensch, zu dem Gott vor allem in der Sprache des täglichen Lebens spricht. Er lehrt mich durch einen Vers, ein Kapitel oder gar durch ein einziges Wort aus der Schrift.

Eins habe ich dabei gelernt: Je mehr ich mich an ein regelmäßiges Bibelstudium gewöhne, desto leichter fällt mir der Zugang zur Schrift. Wie kommt das? Während ich das Wort studiere, nimmt Gott Besitz von meiner Seele, und er bringt immer auch seine Engel mit.

DIE ZWEITE STÜTZE – DAS GEBET
Je mehr ich bete, desto besser verstehe ich den Herrn und seine Beweggründe.

Gebet ist Zwiegespräch mit Gott. Gebet ist Dialog. Gebet ist Gedankenaustausch. Ich habe Gelegenheit zu reden, und er hat Gelegenheit zu reden. Für eine innige Beziehung zu Gott brauche ich die Zeit der Stille, um mich auf seine Weisungen einstellen zu können.

Wir leben in einer hektischen Welt. Wir hetzen von Ort zu Ort und messen unsere Erfolge anhand von Statistiken. Doch diese Hektik ist offenbar nicht neu.

Schon der Herr und Meister stand ständig unter Druck. An fünf Stellen berichtet uns die Schrift davon, daß Jesus Dinge nicht vollenden konnte »wegen der Volksmenge«.

Und wieder kommt eine Volksmenge zusammen, so daß sie nicht einmal Brot essen konnten (Markus 3:20).

Wie setzte sich Christus gegen die ihn bedrängenden Volksmassen zur Wehr? Er stahl sich fort – in die Wüste, in den Garten, in das Obergemach oder nach hinten aufs Boot.

Warum tat er das?

Er wollte allein sein mit seinem Vater.

Selbstverständlich können wir dem Herrn auch auf dem Marktplatz begegnen. Wenn wir ihn darum bitten, wird er bei uns im Büro sein. Aber sehr viele haben doch die Erfahrung gemacht, daß sie Gott nur dann auch im Getümmel wahrnehmen, wenn sie sich vorher die Zeit genommen haben, ganz im stillen sein Angesicht zu suchen.

> Wenn du aber betest, so geh in deine Kammer (Matthäus 6:6).

DIE DRITTE STÜTZE – DIE LIEBE

Je intensiver ich liebe, desto offener bin ich für Gottes leise Stimme.

Oft muß ich mich ganz schön »am Riemen reißen«, um so zu lieben, wie Jesus geliebt hat. Wenn man aufmerksam in der Bibel liest, wird man feststellen, daß Jesus sich immer ganz einem bestimmten Menschen gewidmet hat. Das muß ich mir auch angewöhnen. Es fällt vielen von uns schwer, sich jeweils nur auf einen einzigen Menschen zu konzentrieren. Es war für Jesus niemals entscheidend, aus welcher Nische der menschlichen Gesellschaft jemand kam – aus welcher Rasse, Klasse, Kaste oder Schicht. Er liebte alle gleich, aber jeden individuell. Er mochte nicht jeden, und es ist auch nicht sein Gebot an uns, jeden zu mögen.

Aber lieben? Um deines Namens willen, Herr, hilf mir zu lieben, wie du geliebt hast – einzelne Menschen, Gruppen und die ganze Welt.

Jesus sagt: »Dies ist mein Gebot, daß ihr einander liebt, wie ich euch geliebt habe« (Johannes 15:12).

Ich muß mir immer wieder vor Augen führen, daß das die drei wichtigsten Pfeiler eines Leben im christlichen Glauben sind: Bibellese, Gebet und Liebe. Ohne diese drei werden wir den in uns wohnenden Christus kaum erfahren. Wir werden die Kraft Gottes nicht spüren und den sanften Flügelschlag eines Engels auch nicht. Wenn wir uns aber auf die drei Pfeiler stützen, wird all das zu einem Teil unseres Lebens.

Wo man die Liebe dringend braucht

Sie war über neunzig und in einer körperlichen Verfassung, wie wir sie uns wohl alle für dieses Alter wünschen. Auf einem Flug nach Florida saß sie neben mir. Ein Urenkel spielte neuerdings Profibaseball, und er hatte ihr das Geld für den Flug geschickt, damit sie auch einmal zuschauen konnte. »Er ist so ein netter Junge«, sagte sie. »Einer von 56 Urenkeln.« Wie sie das sagte, ließ mich ahnen, daß sie auf eine Nachfrage meinerseits wartete. Also fragte ich: »Wie viele Kinder mußten Sie haben, um auf solch eine stattliche Zahl zu kommen?«

»Dreizehn. Dann 27 Enkel und 56 Urenkel.«

»Würden Sie das noch einmal wiederholen? Wie viele sind es insgesamt?«

»96«, sagte sie und strahlte. »Und da es Sie offenbar interessiert, kann ich Ihnen alle ihre Namen aufzählen. Möchten Sie sie hören?«

»Der Reihe nach?« fragte ich.

»Ja, der Reihe nach.«

»Wie schaffen Sie das nur? Weihnachten und Geburtstage, besondere Ereignisse und all die Dinge, an die sich eine Großmutter erinnern muß? Haben Sie ein Rezept dafür?«

»Ja, das habe ich schon«, antwortete sie und lachte. »Ich habe es mir angeeignet, als meine eigenen Kinder noch klein waren. Als ihr Vater von uns ging, war ich alles, was sie hatten. Mit meinen 13 Rangen bat ich den Herrn Tag für Tag, er möge mir die Kraft geben, jedem einzelnen meine ungeteilte Liebe zu schenken. Aber das ist noch nicht alles. Jeden Vormittag beschäftigte ich mich gedanklich ganz intensiv mit jedem der Kinder. Wenn sie dann mittags nach Hause kamen, wußte ich, welches an jenem Tag eine doppelte Ration Liebe brauchte. Und die bekam es dann auch. Und so mache ich es noch heute, wo ich fast hundert in mein Herz geschlossen habe. Ich bete jeden Tag für jedes einzelne. Manchmal sagen die Leute zu mir: ›Du kannst deine Liebe doch nur einmal verschenken.‹ Aber das stimmt einfach nicht. Was sie nicht wissen, ist, daß man den Herrn um Hilfe bitten kann. Dann bekommt man immer noch etwas Liebe dazu. Und irgendwann wird einem klar, daß Gottes Liebe unerschöpflich ist.«

Wie wahr, du Großmutter mit dem weiten Herzen! Es war wichtig, daß du mich damals erinnert hast. Wie oft gerate ich in Hektik. Ich versuche zu vieles zu gut zu machen, und alles nur, weil zu viele meiner Herzenstüren dem anklopfenden Herrn nicht geöffnet worden sind. Noch heute will ich ein Porträt von dir in meiner Seele aufhängen. Und jedesmal, wenn mein Blick auf dein Abbild fällt, werde ich mich an deine Worte erinnern. Gottes Liebe ist in der Tat unerschöpflich.

*Das ist ein großartiges Zeugnis
für die unerschöpfliche Liebe Gottes.
Es ist die Liebe, die Gott an uns sehen will,
die ihm die Gelegenheit gibt,
durch uns seine Liebe zu verschenken.
Es ist die Liebe, die unsere Sinne schärft
für den sanften Flügelschlag der Engel um uns her.*

Fragen an mein Bild im Spiegel

»Seele, du grämst dich hier und hier.«
Augustinus

$\mathcal{D}$ ie Heiligen vergangener Zeiten scheinen eins gemeinsam zu haben: Sie beherrschten die Kunst der Selbstbeobachtung.

Dabei kann man natürlich auch übertreiben. Doch wird man davor weitgehend bewahrt, wenn die Motive stimmen. Und ein Motiv ist wohl nie verkehrt: unser eigenes Leben mit dem Leben des Herrn zu vergleichen.

Ich möchte Ihnen nun ein paar Fragen vorstellen, die Charlie zuweilen an Charlie richtet. Ich schreibe sie hier nicht auf, damit Sie sie übernehmen. Es ist für Sie auf jeden Fall besser, wenn Sie sich Ihre eigenen Fragen stellen. Meine Fragen sind nur für mein Leben von Bedeutung. Sie sind Ausdruck der verschlungenen Wege meiner Seele, die darauf angewiesen ist, immer wieder neu gezeigt zu bekommen, wohin die Reise gehen soll.

Hier nun ein paar Beispiele:

I. *Verdränge ich zuviel, wenn ich mich selbst beurteile?*

Wenn ich zurückschaue auf all die wunderbaren Dinge, die ich erlebt habe, dann wird mir klar, daß der Herr mich gebrauchen will, obgleich ich noch längst nicht die vollkommene Heiligkeit erreicht habe. So manches Mal spüre ich gerade dann die Gegenwart eines Engels, wenn ich meine Fehler bekenne und in so manchem finsteren

Winkel der Vergangenheit Unrat aufdecke und mir vornehme, es fortan besser zu machen. Seine Engel scheinen gerade von solchen Regungen besonders angezogen zu werden. Buße ist der erste Schritt auf dem Weg nach Hause. Es gibt ein Naturgesetz der Seele: Je mehr ich mich meiner negativen Eigenschaften entledige, desto größer wird der Raum in mir, den er mit seiner positiven Gegenwart ausfüllen kann.

II. Bin ich stets bemüht, meinen Verstand zu schärfen, den Gott mir geschenkt hat?

Lese ich genug für den mir von Gott geschenkten Geist, daß der Herr durch mich auch immer wieder neue Gedanken entfalten kann? Das Bibellesen ist wichtig, sicherlich. Aber lese ich auch die geistlichen Klassiker und andere erbauliche Literatur? All das gehört in meine persönliche Bibliothek.

Aber das genügt noch nicht. Lese ich auch zur Zerstreuung, einfach aus Spaß? Schärfe ich meinen Geist durch Vorträge hervorragender Redner, durch Seminare, Workshops oder andere Aktivitäten? Interessiert mich, was andere denken, und setze ich mich mit abweichenden Auffassungen auseinander?

»Herr, laß mich immer bereit sein, meinen Geist für dich lebendig zu erhalten.«

III. Gehe ich fürsorglich mit meinem Körper um? Ernähre ich mich gesund? Schlafe ich genug? Bewege ich mich ausreichend, damit ich gesund bleibe?

Ich hätte vielleicht ein besserer Footballspieler werden können, wenn ich nicht von Natur aus etwas zu träge gewesen wäre. Jetzt bin ich 78, und ich bemühe mich noch immer, meine Trägheit zu überwinden. Ich weiß eigentlich ganz genau, was alles gut für mich wäre – Gymnastik,

Gewichtheben, Laufen und Tennis. Komm, beweg dich, du lahmer Esel! Und dann bete ich: »Herr, hilf mir, daß ich diesen gesunden Leib, den du mir geschenkt hast, auch erhalte.« Und wenn diesem Gebet dann auch noch die Tat folgt, scheint meine geistliche Sensibilität tatsächlich größer zu werden.

Es gibt einen ausgezeichneten Vers, den ich mir ans Schwarze Brett meiner Seele geheftet habe:

»Oder wißt ihr nicht, daß euer Leib ein Tempel des Heiligen Geistes in euch ist?« 1. Korinther 6:19

IV. *Diene ich all jenen im Namen des Herrn, die die Berührung seiner Hand durch meine Hand bitter nötig haben? Werde ich immer mehr solch ein Missionar, den ein Engel zum Segen eines notleidenden Menschen gebrauchen kann?*

Gehört die Mission nicht zum Christen wie das Atmen zum Leben? Egoismus ist ein Widerspruch zum Leben mit dem Herrn. Um Christi willen muß ich immer wieder meinen »Bereitschafts-Quotienten« überprüfen.

V. *Hat Christus bei seinem triumphalen Einzug in mein Leben auch meine Brieftasche mit eingenommen?*

Es ist nun einmal eine Tatsache: Wir leben in einer Welt, in der allenthalben große Not herrscht. Deshalb ist jeder Dollar und jeder Cent in meiner Tasche ein Geschenk aus göttlicher Hand. Soll ich das Geld aber behalten, oder soll ich es austeilen? Die Bibel gibt nur eine Antwort: Der Herr braucht mich nicht als Bank für seine Anlagen. Er möchte, daß ich ein Kanal für seinen Segen an andere bin.

VI. Verbringe ich genug Zeit zu Hause?

Der Menschensohn wußte nicht, wohin er sein Haupt legen sollte. Ich aber weiß es. Wartet eine vereinsamte Ehefrau bei mir zu Hause, ein Mann, der sich nach Liebe sehnt? Nehmen wir uns die Zeit, unsere Partnerschaft zu pflegen? Bekommen meine Kinder all die Vater- oder Mutterliebe, die sie brauchen? Tatsache ist, daß viel Liebe in den eigenen vier Wänden auch Kraft zur Liebe draußen in der Welt gibt.

VII. Ist mein Leben erfüllt von harmonischen Klängen?

Solo und Chor, Lobpreislieder und Trauergesänge, Trompeten, Harfen, Zimbeln und Trommeln – all das kommt in der Heiligen Schrift vor. Anlässe zum Musizieren gibt es genug in der Bibel. Und auch ich finde immer wieder eine Gelegenheit dazu. Das Angebot ist riesig. Da gibt es die großen Werke der Klassiker, die rhythmischen Balladen der Countrysänger, die Kirchenchoräle und Kinderlieder. Ich höre das alles gern mit Blasorchester, Klavier, Gitarre, Tamburin, Akkordeon, Xylophon und singender Säge begleitet. Ich selber singe gern allein in meiner Werkstatt. (Auch meine Familie ist froh, wenn ich es allein in meiner Werkstatt tue!) Es ist letztlich egal, was für eine Musik wir machen. Eins habe ich aber erfahren: Die Musik hilft mir dabei, das innere Gleichgewicht meines Herzens immer schnell wiederzufinden.

»Danke, Herr, daß du mir soviel Musik ins Herz gegeben hast. Hilf mir, daß sie immer himmelwärts ausgerichtet bleibt.«

VIII. Bewahre ich mir die Liebe zur Natur?

Jesus war ein naturverbundener Mensch. Himmel und Meer, Blumen und Bäume, Flüsse und Seen, Wind und

Wolken, Vögel und Füchse, Berge und Hügel – Jesus hat sich davon inspirieren lassen und Beispiele aus der Natur für seine Lehre benutzt. Gibt mein Staunen über Gottes Wunderwerke ihm die Möglichkeit, noch mehr Wunder an mir und durch mich zu tun?

IX. Nehme ich mir genug Zeit für meine Hobbys?

Ich liebe Tiere: Pferde, Maultiere, Ponys, Kaninchen, Hunde und Hühner. Sie alle habe ich gehalten und auch gezüchtet. Interessant ist dabei, daß viele meiner außergewöhnlichen Erlebnisse irgend etwas mit Tieren zu tun hatten. Was könnte das bedeuten? Ich glaube, man kann es so erklären: Gott benutzt unsere speziellen Interessen, um durch uns zu wirken.

Mein besonderes Hobby sind Holzarbeiten. Ob im Himmel wohl eine Tischlerlehre angeboten wird, für Menschen, die gern mit Holz arbeiten? Man stelle sich vor, beim Meister selbst in die Lehre zu gehen! Das wird der Himmel für mich sein.

X. Nehme ich mir Zeit für Müßiggang und Nichtstun?

»Sitz nicht so faul herum. Tu was!«
»Müßiggang ist aller Laster Anfang.«
»Mach dich an die Arbeit!«

Mit diesen Ermahnungen bin ich aufgewachsen. Aber steht nicht in der Bibel auch etwas ganz anderes?

»Laßt ab und erkennt.«
»… eure Ehre darein zu setzen, still zu sein.«
»Er führt mich zu stillen Wassern.«

Ablassen und still sein, das brauche ich immer wieder.
»Herr, lehre mich die Kunst des heiligen Müßiggangs.«

»Zeit, die man mit Freude vergeudet, ist keine vergeudete Zeit.« Maslow
Zehn Fragen an mein Spiegelbild – das mag genügen.
Sie werden verstanden haben, worauf ich hinauswollte.

Je intensiver wir uns darum bemühen,
zu werden, wie der Herr uns wünscht,
desto eher ist er bereit,
uns auf dem Weg dorthin zur Seite zu stehen.
Und auch das ist wahr:
Je mehr wir uns darum bemühen,
so zu werden, wie er uns geplant hat,
desto öfter stehen uns die Engel dabei zur Seite.

VIERZEHN

Und morgen werden wir begreifen ...

Vom HERRN ist dies geschehen,
es ist ein Wunder vor unseren Augen.
PSALM 118:23

Das Büchsentelefon

*W*enn Sie schon länger an Engel glauben, dann wird Ihnen gefallen, was sich heute abzeichnet. Das Interesse an unerklärbaren Dingen wächst allenthalben. In Zeitschriftenartikeln, in Zeitungsberichten, in Film und Fernsehen – überall finden wir Belege dafür. Plötzlich erregen Engel, Wunder und das Unerklärbare wieder die Aufmerksamkeit der Öffentlichkeit.

Was sollen wir von diesem neu erwachten Interesse an den himmlischen Wesen halten? Ist es nur wieder eine neue Mode einer abgestumpften Welt, die nach Zerstreuung lechzt? Oder zeigt es nur, wie sehr wir uns in dieser Zeit nach Geborgenheit sehnen?

Welche Beweggründe es auch immer sein mögen, ich sehe darin ein Zeichen der Hoffnung. Seit meinem 13. Lebensjahr, seit ich in der Röhre vor dem Ertrinken gerettet wurde, habe ich an die wunderbare Verheißung der Schrift geglaubt:»Denn das Land wird voll von Erkenntnis des HERRN sein, wie von Wassern, die das Meer bedecken« (Jesaja 11:9).

Wir mit unserem menschlichen Verstand werden niemals ganz begreifen, was das bedeutet. Aber ich habe neulich etwas beobachtet, was mir klargemacht hat, daß dies auch gar nicht nötig ist.

Ich beobachtete, wie zwei meiner Nachbarskinder »Büchsentelefon« spielten. Jedes von ihnen hielt eine Konservendose in der Hand, und zwischen beiden Büchsen hatten sie eine Schnur gespannt. Die Schwester stand auf der Veranda, während der Bruder sich hinter einem Baum versteckte. Sie spannten die Schnur so stramm wie möglich, und dann begannen sie, sich zu unterhalten. Zuerst riefen sie mit lauter Stimme in die Dosen hinein, dann mit normaler Lautstärke, und schließlich flüsterten sie nur noch.

Wir sind gute Freunde, und plötzlich entdeckten sie, daß ich sie beobachtete. »Man kann wirklich was hören«, riefen sie. Und ich wußte aus Erfahrung, daß man sich tatsächlich verständigen kann. Schon meine Schwester und ich spielten als Kinder mit dem Büchsentelefon.

Irgendwann bat ich einen meiner naturwissenschaftlich begabten Freunde, mir das Ganze zu erklären. Er sagte: »Die Konservendose ist ein Resonanzkörper, und die gespannte Schnur leitet die Vibrationen weiter.«

Als ich darüber nachdachte, wie unbekümmert die Kinder spielten und wie exakt mein Freund alles erklären konnte, kam mir ein Gedanke: Muß ich wirklich immer genau wissen, wie Gottes großes Räderwerk funktioniert? Vielleicht reicht es für ein schlichtes Gemüt wie mich, daß ich voll Ehrfurcht staunen und dankbar sein kann.

Schon der Psalmist schrieb: »Zu wunderbar ist die Erkenntnis für mich, zu hoch: Ich vermag sie nicht zu erfassen« (Psalm 139:6).

Hat er nicht recht? Zu wunderbar ist alles für Sie und mich zusammen. Zu wunderbar ist es, als daß unser menschlicher Geist es mit seinen Möglichkeiten begreifen könnte.

Wann aber werden wir all das in Erfahrung bringen, was wir doch zu gern über die Wundertaten Gottes wissen möchten?

Wir werden alles begreifen, wenn wir einst im Himmel sind. Wir werden offene Ohren, einen hellwachen Geist und ein verständiges Herz haben, und nichts wird uns mehr beschränken.

Und mit diesem universellen Geist werden wir etwas sehr Wichtiges begreifen:

Hier auf der Erde waren wir nicht Körper,
in denen eine Seele wohnte,
sondern Seelen in einem Leib.

Wir müssen uns nicht wundern, daß wir uns verstricken, wenn wir unsere eigenen Wunder tun wollen. Wir vergessen nämlich dabei, daß wir als Zuarbeiter Gottes geboren worden sind, die nur nach seinen Vorgaben Wunder wirken können.

Ich finde es ungemein spannend, was die Technik von heute alles vollbringen kann.

Und trotzdem: All die Fortschritte, die wir heute in den Wissenschaften machen, alle neuen Erkenntnisse über unser Menschsein, all die atemberaubenden Entwicklungen in der Telekommunikation, all das, was wir heute erleben und unsere Kinder und Kindeskinder erleben werden, ist im Vergleich zu Gottes gewaltigem Schöpfungswerk doch nichts weiter als das schlichte Spiel der Kinder mit einem Büchsentelefon.

Wir reden Gottes Weisheit in einem Geheimnis, die
verborgene, die Gott vorherbestimmt hat … sondern
wie geschrieben steht: »Was kein Auge gesehen und
kein Ohr gehört hat und in keines Menschen Herz
gekommen ist, was Gott denen bereitet hat,
die ihn lieben.«
1. Korinther 2:7-9